発達障害児が100点満点を取った！子どもの脳にいいスーパーメソッド

5000家族の相談指導で驚異の改善実績

エジソン・アインシュタインスクール協会代表
鈴木昭平 著

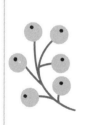

コスモ21

はじめに

「うちの子、ほかの子と違うのでは……？」

子どもの発達の遅れに最初に気づくのは、お母さんです。

・母親と目を合わせない
・異常に夜泣きをする
・奇声を頻繁にあげる
・ハイハイの時期が著しく遅い
・表情が著しく乏しい
・言葉が遅い
・便秘がち……

少しでも気になったら、一刻も早く、障害があるかないかをチェックしてほしいと思います。

ところが、医療機関や児童相談所などに駆けつけても、検査後、医師からは「気のせいかもしれない」「もうちょっと様子を見よう」と言われるのです。これがいちばん困るのです。脳が成長するのは乳幼児期です。脳がまだ固まらないうちにチェックして、１日でも早く始めれば、その分、早く取り戻せるのです。

医師の言葉を信じたい気持ちは分からないではありませんが、「様子を見る」ことで、その間に脳の成長が止まりはじめ、取り返しのつかないことにもなりかねないのです。

私は以前から、「発達障害児は天才性を秘めている」と主張してきました。これは直感や感覚によるものではなく、ましてや願望などでもなく、れっきとした根拠に基づいてのことです。

たとえば、「世界の発明王」といわれるエジソンが子ども時代、発達障害児のように扱われていたことはご存じですか。

トーマス・アルバ・エジソン（１８４７～１９３１年）は非常に好奇心の強い子どもでしたが、小学校1年生を入学後たったの３カ月で落第しました。学校教育になじめなかったのです。

1＋1＝2が理解できなかったために、小学校の先生から「お前の頭は腐っている」と言われて不登校になり、退学しました。今でいう発達障害のある子どもであると見なされたのです。

しかし、エジソンのお母さんは諦めませんでした。息子が興味を持ったことを中心に、家庭でドンドン学ばせたのです。

もちろん、順調に学習が進んだわけではありません。自宅で実験をして、納屋を全焼させる事故を起こしたことすらあります。しかし、彼は失敗にめげず興味の追求を続けました。新聞を発行して列車内で販売したこともあり、そうして貯めたお金で自分の実験室もつくりました。

電信技術を学び、16歳の頃から少年電信技士として活躍しました。その後、世界初の白熱灯を発明しただけでなく、発電から送電に至るまでの電気を販売する仕組みをつくりあげました。まさしく、電力販売を事業化したのです。そのために設立された会社が、エジソン・ゼネラル・エレクトリック。アメリカを代表する大企業であるゼネラル・エレクトリックの前身です。

「20世紀最大の科学者」といわれるアインシュタインもまた、発達障害児だったといわれています。

アルベルト・アインシュタイン（1879〜1955年）は言葉の遅い子だったそうで、5歳までほとんど言葉を話さなかったといいます。実は、言語を中心とする学習障害があったと伝えられています。

9歳のときに「ピタゴラスの定理」に関心をもち自分で証明に成功するなど、得意な科目の成績は傑出していましたが、言語に関する科目は不得意でした。ですから、学生時代は苦労しました。数学と物理は最高点を取りながら、他の科目の成績が振るわず、受験にも失敗しました。

卒業後もすぐには大学の助手になれず、社会人としての出発は臨時教員でした。保険外交員や家庭教師のアルバイトをしながら論文を書きました。皆さんもご存じのように、そんなアインシュタインが後に「相対性理論」を発表し、ノーベル物理学賞を受賞したのです。

エジソンやアインシュタインは、幼少期からその天才性を認められていたのでしょうか？　私はそうは思いません。ですから、発達障害児の親御さんにはいつもこうお話ししています。

「あなたのお子さんは、エジソンやアインシュタインと同じ、天才の卵ですよ」

この言葉を、私が相談指導した約5000家族の子どもたちが証明してくれています。

本書では、その改善事例と、改善に至るまでのノウハウを惜しみなくお話しするつもりです。

わが子が3歳半のとき、軽度の発達障害の診断を受けて、お母さんは、その子の前途を悲観し、うつになりました。大学で受けた保育士の授業で、「発達障害は治らない」と教えられていたからです。

そのお子さんが9歳になったとき、東大の先端科学技術センターと日本財団による「異才発掘プロジェクト（ROCKETプロジェクト）」で、「ホームスカラー」に選ばれ、その才能を開花させたのです。その子が小学5年生になって、「僕のことはもう気にしなくていい。お母さんの人生を生きて」と言ってくれたそうです。この報告をしてくれたときのお母さんの笑顔が忘れられません。私は「子どもさんは人間力でも100点満点を取りましたね」と励ましました。

他の教科でも周囲の予想を超える結果を出す子どもたちが何人も登場しています。

「要注意人物だったわが子がクラスでただ一人100点を取るまでに」

「抜き打ち指名でも10ページもの昔話を完璧に暗唱、先生も天才性を認めてくれました」

………

支援学級でスタートした発達障害児がその後普通学級に移る、それでは終わりません。各教科で100点満点を取ったという報告が続々寄せられているのです。

WISCという知能診断検査で、2歳のときに判定不能と言われたIQが4歳で109になった子もいます。

私は大学院で経営学を修め、大学で講師を務めるさなか、家内が自宅で始めていた早期教育の教室を手伝うことがありました。その教室に、ダウン症や発達障害の子ども通っていました。学者崩れとはいえ、「おっちゃん」と言われながら子どもの相手をする。こんなことは、普通でしたら学者としてのプライドが邪魔をする。そう思っても不思議ではないでしょう。ところが、私は専門にしていた経営学では得られなかった人間の本質とその奥深さを障害児の子どもさんから教えてもらいました。

発達障害児の言動、行動、態度だけ見ていたら、ふつうの子とは違う〝異常性〟に気をとられてしまいがちです。ふつうの子は、年齢を重ねる中で、いわゆる〝お利口さん〟になっていくのですが、発達障害児は、素直すぎて、純粋すぎて、単純すぎて、敏感すぎて、お利口さん部分がうまく表現できません。そのことが歯がゆくストレスとなって奇声を発したり、落ち着きなく動いたりしている。それが傍目では〝異常〟に見えたり、他の子より〝劣っている〟ように見えてしまったりするのです。

しかし、見方を変えれば、ふつうの子にはないくらい純粋で素直で敏感なこの部分にこそに〝伸びしろ（潜在的可能性）〟があるのです。そこに重点的に焦点を当てて働きかけ続けると、発達障害児が秘めている天才性を見事に引き出し、伸ばすことができます。それをどんな親でも実践できる〝子どもの脳にいいスーパーメソッド〟として確立しました。

このスーパーメソッドによって改善し、親や学校、周囲を驚かせる子どもたちが次々と育ってきています。この子たちは、日本の、そして世界の未来を担う希望です。そのなかから、エジソンやアインシュタインを超える人物が出てきてもおかしくないと、私は強く確信しています。

絶対に諦めないでください。お子さんという「天才の卵」を、私たちと一緒に大切に温め、育てていきましょう！


エジソン・アインシュタインスクール協会代表　鈴木昭平

発達障害児が100点満点を取った！　子どもの脳にいいスーパーメソッド　もくじ

はじめに　3

1

常識を破る！　100点満点を取る発達障害児が次々と

東大の異才発掘プロジェクトに全国600人の中から選抜される　18
〝要注意人物〟が自慢の子に。クラスでただ一人100点満点も！　26
トラブルメーカーからも〝卒業〟、すべての科目で続々100点満点　32
教科書10ページを完璧に暗唱、苦手な算数ではなんと100点！　36
EEメソッドを開始して2日目で改善を実感！　漢検でも満点合格　53
1年で国語や理科の100点満点を連発！　66
平均20〜30点だった国語・算数が7カ月で100点満点に　75
自閉症の可能性があったが普通学級で4回連続の100点！　81

2歳で判定不能だったIQが4歳で109に　89
1年生で20点以下だったテストが2年生には90点に！　100
顔の表情もダウン症とわからないくらい変わりました　108

2　子どもの天才性を引き出す奇跡のEEメソッド

短期間で劇的改善を示す「エジソン・アインシュタインメソッド」　114
「エジソン・アインシュタインメソッド」はどのように生まれたか？　119
敏感な右脳を左脳の育成に活用する　121
「超高速楽（学）習法」で用いるフラッシュカード　123
疲れにくい脳にするための体質改善　126
脳の血流が悪いことで何が起こっているのか？　129
脳は脂肪でできている　131
「発達検査表」によって子どもの変化を直接把握できる　133
母親の指導が効果的なのはなぜか　141

天才児が日本を救う　144

3 家庭教育で実践する三つの柱

三つの柱を家庭教育で実践　148
第一の柱　親の意識改革　149
第二の柱　子どもの体質改善　154
第三の柱　超高速楽（学）習法　159

4 子どもがみるみる変わる実践17ヵ条

教育の本質をしっかりとらえる　166
10歳までが〝勝負〟、家庭教育が子どもを伸ばす　167
これまでの常識は無視していい　169
ＥＥメソッドは「親修行」である　171

第1条　敏感な五感を活用したインプット――超高速楽（学）習法　173
第2条　「我慢」と「自信」を育てる――社会性の本質　184
第3条　やってはいけないことのルール化――自己のコントロール　188
第4条　少しでもできたら気絶するほどほめる――ほめ伸ばし　190
第5条　笑顔で実践――親の感情コントロール　194
第6条　毎日実践してほしいパワーアップ体操――親の生命力を上げる　196
第7条　脳の働きを効果的にコントロール――〝学習ホルモン〟の分泌　199
第8条　子どもをよく観察する――発達検査表の活用　202
第9条　家庭学習の実践――母親主導で　205
第10条　脳のメカニズムに適した生活に変える――脳の栄養学　207
第11条　脳の体質改善――腸の機能を高める　212
第12条　体を冷やさない――体温37℃　215
第13条　学習効果を高めるバスタイムの活用――暗示効果　217
第14条　足裏・ふくらはぎ・脊髄のマッサージ――スキンシップ　220
第15条　プラスマインドを維持する――成功理論のエッセンス　222

第16条　親馬鹿になれ――子どもの可能性を信じる　225
第17条　8割主義で取り組む――継続は力　227
EEメソッドに取り組む前に　229
基礎能力の形成について　232
おわりに　234

カバーデザイン◆中村　聡

1

常識を破る！　１００点満点を取る発達障害児が次々と

東大の異才発掘プロジェクトに全国600人の中から選抜される

田中啓子さん&息子・安志くん(仮名・EEメソッド開始時=5歳8カ月)

●幼稚園のとき軽度の発達障害と診断

安志が3歳半のとき、市の健診を受けました。そのとき、「これを持って、こうして」という先生の指示が安志にはまったく通じず、何も反応しなかったんです。その結果を受けて、市の療育へ行くことになりました。

それ以前も、1歳半の頃から「ハイハイの仕方が、何か違うな」など気になるところはありましたが、主人とも話して、長男だし早生まれなので、そういうこともあるかもしれないと思っていました。体の成長のほうは、わりと普通でした。

幼稚園に入園し、1学期の終わりの面談で、皆に付いていけていないから検査を受けるようにと言われました。人の輪に入れないし、入れようとすると泣き叫ぶ。隅のほうで一人、好きな電車の音マネをして「デケデケ」とか「ガタガタ」と言って遊んでいるといいます。よその子に迷惑をかけることはあまりないようでしたが、放っておくとずっと同じことをやっていることはたびたびでした。

それで検査を受けたところ、軽度の発達障害と診断されました。しかし、本を読みあさって試してても、これという変化はありません。

そんなとき、私の母を通じてエジソン・アインシュタインメソッド（以下EEメソッド）に出合いました。親子面談を受けると、安志は集中してフラッシュカードを見ていました。「こういうやり方でやれば、うちの子もこんなにできるんだ！」と思いました。「母親がやらなければいけない、普段一緒にいる母親がやるといちばん変わる」という鈴木先生の言葉にも納得できましたし、これなら自宅でできると思いました。

実は、EEメソッドを知る以前から、安志は電車など自分が好きなものへの集中力や記憶力は突出していて、空間認知能力も非常に高いと感じていました。何か特殊な才能があるとは思っていたんです。けれども、言うことは何も聞かないし、何かをやらせようとすると、イヤになった時点で全部拒否されてしまいます。ですから、どうやって伸ばせばいいのかわかりませんでした。

ところが親子面談で、鈴木先生のフラッシュカードや高速トレーニングを見て、うちの子に対するやり方が見えてきたのです。「やり方をうまくすれば、うちの子はできるのだ」と確信を持ちました。

●牛乳をやめただけで、初めて野菜を食べた

セミナーを受けてすぐに、「とにかくやってみよう」と、学んだことを始めました。驚いたのは、牛乳をやめただけで、初めて野菜を食べてくれたことです。このときはうれしくて泣いてしまいました。

ものすごくほめたところ、それからは以前と比べて何でも食べるようになりました。それまでは全然ごはんを食べなくて、牛乳と納豆とお菓子を好みましたが、それでも少ししか食べなかったのです。うんちもウサギのようなコロコロうんちだったのが、しっかりしたうんちが出るようになりました。

フラッシュカードにも取り組みました。1カ月目は、（発達検査表＝2章で詳述＝の）社会面の改善はそれほど変化はなかったのですが、フラッシュカードをすぐに覚えたことはすごくびっくりしました。とにかく覚える度にほめまくりました。

主人も言うことを聞かないときに厳しくしつけなければという思いから叩くこともあったのですが、それをやめました。すると、主人を怖れてびくびくと萎縮していた

のが、お父さんのことが好きになって一緒にいる時間が長くなりました。

3カ月目くらいになると、言葉が会話になりかけてきました。それまでは、言葉は出ていても自分の好きなことだけ言っていたんです。「何歳？」と質問しても「山手線」と答えたり、オウムがえしに「何歳」と答えたりするだけでした。

それが、この頃から急に落ち着きが出てきたのです。エジソン・アインシュタインスクール協会（以下EES協会）のセミナーで体質が変わるのに4カ月くらいかかると聞いていましたが、その通りだと思いました。以前は幼稚園でも、ずっと一人で廊下にいたり、友達とも関わろうとしなかったのに、一番前でずっと座って、先生のお話を聞けるようになりました。

4カ月が経ち、ちょうど6歳になった頃には、発達検査表でできなかった項目のほとんどが「△」になりました。だいたい、5歳の発達状態です。最初に鈴木先生のところで発達検査をしたときは、身体面は発達していたものの、その他の面では2歳半ぐらいと偏っていましたので、4カ月で2年半分も発達したことになります。

私は4カ月で5歳児のすべての項目を「△」か「○」にしようという目標を立てていましたので、2週間に1度提出する家庭プログラムも、毎回主人と二人で取り組んでいました。その家庭プログラムをファックスで送ると毎回、電話でアドバイスをいただけたのはありがたかったです。

「これはできたけれど次はどうしたらいいか」という疑問が次々に湧いてくるので、一つひとつ確認しながら実践していると、自分でも「今度はこうやっていこう」「こうしたらいいかな」とアイデアが出てきます。それもまた、積極的に取り組めるようになった一因だと思います。

●小学校入学時は支援学級、2年2学期からは普通学級に

小学校の就学前検査や面談を受けたときはまだ、EEメソッドを始める前で、安志はじっとできずに走り回ったりしていました。その様子から、支援学級に決まってしまいました。もっと早くEES協会に出合っていたら普通学級だったかもしれません。

入学後は、勉強にはついていけたし、授業も座って受けていました。ただ、会話のやりとりが苦手でお友達の輪に入っていけず、一人で好きなことをして遊んでいました。そこで2年生では普通学級に移り、国語や算数の授業は交流学級で受けたいと学校へ希望を出していました。

実際には、2年生からは国語と算数は普通学級で受けるようになりました。それからは、さらに伸びましたし、普通学級のお友達の雑談や会話のスピードも刺激になったようです。2年生の2学期からは完全に普通学級に移りました。

とはいえ、支援学級から普通学級へ移っても、いじめがあるかもしれないと心配でした。しかし、「そこは乗り越えるべき壁だ」という気持ちで臨みました。想像したとおり、周囲とのいざこざはあり、その様子を見ると母親としては心がちぎれそうな思いになりましたが、これは避けて通れない道だと考えて、耐えました。

3年生になってからは、「何かあっても、学校のせいにはしない」という条件で、一切の補助なしで1年間を普通学級で過ごさせてもらいました。初日こそ心配したものの、大きな問題はありませんでした。それどころか、グループごとにテーマを見つけて調べ物をする「総合」という授業では、お友達と普通のやりとりができるようになりました。それが私はうれしくて……。

●母親自身の精神状態も改善

私自身も大きく変わりました。食事を改善する際、牛乳と小麦が多動の原因になっている場合があると聞いて、魚中心の食事に変えたのです。すると、親である私自身の気持ちも落ち着いてきて、精神面で強くなりました。

ＥＥメソッドに出合うまでの私は、ストレスが非常にたまっていて、実は現在よりも30キロも太っていました。うつ状態になり、死にたいと思ったことも何度もありました。世間を恨むような気持ちでいて、気分もやさぐれていたのです。ですから、鈴木先生が心の底から「改善します。大丈夫ですよ」と言い切ってくださるのが一筋の光明に思えました。以前は私自身も、子どもを受け入れられていなかったのだと思います。今はもっともっと、なんとかしてあげたいなという気持ちです。

ＥＥメソッドを始めて８カ月経つ頃には、私たち親も、安志の可能性にたくさん気づけるようになりました。１年生のうちに九九も言えるようになりましたし、世界の国旗もフラッシュカードでたくさん覚えました。とにかく、何でも覚えられるものはどんどん吸収しますし、その覚え方のレベルは驚異的なのです。主人と協力して、どんどんフラッシュカードを自作してやっています。

●東大発のプロジェクトに600名から選ばれた

安志が9歳になったとき、東大先端科学技術研究センターと日本財団による異才発掘プロジェクト「ROCKETプロジェクト」に応募しました。これは、突出した能力を持ちながら、学校生活や学校教育になじめなかったり、コミュニケーションが苦手だったりする子どもたちの才能を開花し、将来の日本を担う人材を育成することを目的にしています。10名が「ROCKETスカラー」に、100名が「ホームスカラー」に選ばれます。

応募の際の作文で、安志は
「僕の将来の夢は、自分の好きな電車やパソコンの勉強をやりたい」
と書き、600名を超える応募の中から「ホームスカラー」の一人に選ばれました。全国で開催される学習セミナーやワークショップへのイベントに参加できる資格を得たのです。私たち親では伸ばしきれない才能を伸ばすために、息子にとって新しい刺激や影響を受けるきっかけになればいいなと願っています。

現在小学5年生になった安志に、こんなことを言われました。

「お母さんの人生の目的は何ですか?」

「僕のことはもう気にしなくてもいいよ。お母さんの人生を生きていいよ」

安志から突然飛び出した大人顔負けの言葉。このことを鈴木先生に報告したら「子どもさんは人間力でも100点満点を取りましたね」と。

いつの間にか、こんなにも親のことを思いやる気持ちが育っていたのですね!

〝要注意人物〟が自慢の子に。クラスでただ一人100点満点も!

桑折秀子さん&息子・秀行くん(EEメソッド開始時=小学校2年生、8歳2カ月)

●特別支援学級を勧められる

秀行は幼稚園の頃から言葉が遅く、小学校は普通学級に入ったものの、学力が付いていけず、悩みました。

算数ではまず、数の概念がわからないらしく、足し算引き算ができないのです。足し算は指を使えばできるのですが、10以上の数が入ってくると指では間に合いません。引き算は指を使ってもできない状態でした。

国語は字をノートのマスの中に書けないのです。また、熟語の概念がわからないようで、たとえば「地図」という単語なら、地と図という字を組み合わせて書くことができず、バラバラになってしまいます。音読もつっかえつっかえですし、作文も書けませんでした。

「普通学級では難しいから」と算数と国語は特別支援学級を勧められたのですが、私は「がんばりたいからちょっと待ってほしい」と言っていました。

2年生になると国語と算数は補助の先生がついてサポートしてくれるようになりましたが、今度はお友達を叩く、蹴るなどの問題行動が出てきてしまったのです。それもあとから考えれば成長の一つで、今までからかわれたり、いじめられたりしても何もできなかったのが、やり返すようになったのです。でも、親としては本当に困りました。

担任の先生から1日に10回以上電話がかかってきたこともありましたし、〝要注意人物〟として教壇のすぐとなりに机を置かれ、先生が見張っている状態でした。
診断名がつくのが怖いし、それを認めるのがいやで、病院には行きませんでした。

●1年生で0点だった算数で80点を取れた！

2年生の初秋に鈴木先生の本に出合い、繰り返して読んだ結果、親子面談を申し込みました。鈴木先生が

「この子は目がしっかりしているから大丈夫。絶対によくなるからね」とおっしゃってくださったのがとてもうれしくて、EEメソッドをやろうと決めました。

2年生になると九九がはじまりますが、足し算引き算でつまずいているのに九九ができるものか不安でした。ところがEEメソッドを始めてたった1カ月で覚えてしまったのです。アドバイスされた九九カードを使って家でやってみたからでした。九九を覚えると算数が好きになったようで、鈴木先生のアドバイス通りに足し算の同じ問題を繰り返しやってみると、式と答えのイメージがついたみたいです。それからは、苦手だった足し算も、できなかった引き算もできるようになりました。

かけ算のあとは割り算が始まりましたが、これも順調にできるようになりました。2

年生の後半からはテストも70点、80点という点数が取れるようになりました。
足し算でつまずいて、0点とか、取れても20点とかいう点数だった1年生のときを思えば、夢のような進歩です。

●問題行動がみるみるなくなる

それからEEメソッドを始めて4カ月を過ぎると、お友達を叩くといった問題行動がみるみるなくなりました。言葉が急に上達したことと、我慢することを覚えることができたからだと思います。席も無事、みんなと同じ場所に戻りました。

3年生に進級して成績のほうは順調に伸びていったのですが、お友達との関わりで悩むことがありました。それまでにも消しゴムを投げられたり、暴言を吐かれたりといったことがあったようなのですが、本人の言葉が足らず、私に伝えられなかったのです。3年生になって言葉がしっかりしてきたことで、初めて知ったことがいろいろありました。

2学期になったとき、数人に囲まれて暴言を吐かれたと言って帰ってきたことがあります。それを私に伝えることができたことが、すごい成長だと思いました。早速、学校の先生に相談したところ、うやむやにされてしまったのは残念でしたが……。

4年生になるとお友達が一人できました。大きないじめもなく楽しく通えるようになりました。2学期の授業参観では、5、6人でのグループ発表で、秀行ともう一人のお子さんだけが暗記して発表できたことは、とても誇らしかったです。先生にもみんなからもほめられました。


5年生になってすぐのテストでは、初めて国語で100点が取れました。100点だったのはクラスで2人だけだったそうで、本当にうれしい出来事でした。その後、クラスでただ一人、社会で100点を取ったこともありました。すべての教科ができるわけではなく、得意不得意はありますが、自信とともに着実に成績も伸びていることを感じます。

1年生のときは授業時間の45分間座っていられなかったのに、ここまで来たかと思うと感慨深いです。

●改善は毎日の積み重ね。その先に必ず未来はある

息子は本当に、ＥＥメソッドをやったことで驚異的に伸びました。子どもも変わりましたが、私自身も大きく変わりました。子どもが足し算もできなかったときは「こんなこともできないの！」と叱りつけたり、はたいたりしたこともありました。子どもの言葉の遅れや低成績に直面したときは私自身、うつ状態になってしまい、夜も眠れないことがありました。

けれども鈴木先生に「０点でも10点でもかまわない。それはその分伸びしろがあるということですよ」と言われて、気持ちがすっと楽になり、イライラが減りました。

秀行は６４８グラムの超未熟児で生まれ、新生児集中治療室に約半年入院していました。体が固くて運動が苦手、幼稚園までごはんを１膳食べることもできず、４日に一度しかお通じがないほどの便秘でした。それが改善されたことも親にとってはうれしいことです。

改善は本当に毎日の積み重ねです。必ずよくなると信じて、一歩ずつ前進していければと思っています。

トラブルメーカーからも〝卒業〟、すべての科目で続々100点満点

竹沢裕子さん&息子・良くん（仮名・EEメソッド開始時＝小学4年生、9歳11カ月）

●授業中の問題行動を学校から指摘される

学校から初めて良の問題行動を指摘されたのは、小学校2年生の夏休み明けのことでした。授業中に席を立つ、教科書を机の上に出さない、嫌いな科目のときは教室へ行かない、椅子をガタガタと鳴らす、奇声を上げるなどの問題行動があるとのことでした。学校では、保健室や教務室で過ごしたり、校長室で校長先生と一緒に絵を描いて過ごすこともあったそうです。

家では末っ子特有の甘えん坊で、わがままな気質がある程度。気になる問題行動がなかったので驚きました。

当時、公文、習字、水泳、ピアノなどの習い事をさせていたので、少し減らしてみましたが、トラブルはおさまりませんでした。そこで自分なりに調べたところ、ADHD（注意欠陥・多動性障害）の可能性があるのでは、と疑うようになったのです。

3年生になって、地元の小児医療センターで2回ほど問診を受けました。また、同年に発達支援センターで、ＷＩＳＣ－Ⅲという知能診断検査を受けました。結果はＩＱ１００程度と普通で、ＡＤＨＤの診断名もつきませんでしたが、普通学級に在籍しながら月に2回1時間ほど他の学校に通って、情緒トレーニングのための個人授業を受けるようになりました。

マンツーマンで挨拶から始まって、4コママンガに言葉を入れたり、迷路やカードをやったりします。これは良に合っていたようで、行くと落ち着きが見られました。5年生になって担当の先生が転勤されるまで続けました。

ただ、学校でのトラブルは毎日のようにあったので、その度に担任の先生から電話があり、3年生の12月からはＡＤＨＤの治療薬「コンサータ」を土日以外、毎日服用させました。しかし落ち着くことはなく、副作用で気持ちが悪くなったり、ぐったり疲れた感じになったりしていました。もっと強い薬を飲ませたこともあります。

●我慢ができるようになり、学校でのトラブルがなくなった

ちょうどその頃、主人が鈴木先生の本を買ってきて、ＥＥＳ協会のことを知りまし

た。主人にせき立てられるようにして、4年生の6月に親子面談を受けたのです。

家での食事では、すぐに牛乳を止めました。良が大好きだったピザやパンも止めて、青魚中心の和食に切り替えました。メソッドを始めてからは、学校給食の牛乳も止めました。

それまで、牛乳を飲むと急に怒りっぽくなってトラブルになるなど思い当たる節もあったので、思い切って牛乳を止めることにしたのです。

始めてすぐに、問題行動がなくなりました。席を立たなくなり、落ち着いて授業を受けられるようになったのです。お友達から手を出されても、10回こらえて最後に手を出すというように、我慢することも覚えました。

メソッドを始めてからは薬の服用もしていません。

●すべての科目で100点

4年生になると担任の先生の理解も得られて行動も落ち着き、クラスの皆とも仲よくなりました。

5年生になって担任の先生が厳しい先生に変わりましたが、かえって本人のやる気が出たようです。宿題をしていかないと休み時間にやらされる、テストで１００点を取らないと１００点を取れるまで何度も再テストを受けさせられる、といった厳しい教育でした。それがよかったのでしょう、休み時間にお友達と遊ぶために宿題を必ずしていくようになりましたし、再テストがいやで家庭学習もがんばるようになりました。

もともと学力的には70〜80点取れている教科がある一方で、嫌いな漢字テストでは10〜20点のこともありました。それが5年生の夏休み明けから勉強を熱心にするようになり、すべての教科で、１回で１００点を取れるようになったのです。

パズル計算では姉や主人よりも早くできるようになり、本もたくさん読むようになりました。全校で図書の貸出し数が9位になるほどの読書家になり、ＡＤＨＤ特有の「集中できない」という問題も克服した感があります。

学校でのトラブルもほとんどなくなりました。

はじめはもっと時間がかかるかと思っていたのですが、ＥＥメソッド開始から1年半で光が見えました。家庭・学校での対応と、脳の体質改善が功を奏したのだと思っています。

教科書10ページを完璧に暗唱、苦手な算数ではなんと100点！

染谷直美さん＆息子・優くん（EEメソッド開始時＝6歳8カ月）

●4歳のとき、病院で「2歳分の発達の遅れがある」と指摘される

優が1～2歳の頃には、「まわりの子とちょっと違うな」と思っていました。保健センターの集団健診に行くと、みんなお母さんと一緒にちゃんと座っていられるのに、優だけがいつも常に動き回っていて落ち着かなかったからです。でも私は、特別、何か問題があるとは考えていませんでした。「うちは広々としたところで自由に育ったからだ」と思っていたくらいです。

しかし、年中に進級する直前の4歳のとき、義姉から「もしかしたら、発達障害ではないか？」と指摘されました。確かに言葉が遅くてオムツもはずれていませんでしたが、「いずれは追いつくだろう」と大して心配していなかっただけに、ショックでした。

心配になって初めて保育園に相談したところ、園長先生は、入園してきた当初から

「この子はもしかしたら……」と思われていたそうです。

さらに発達外来の先生を紹介してもらい診察を受けたところ、診断名こそつかなかったものの、「だいたい2歳分くらいの発達の遅れがある」とのことでした。

その頃から2年間、2週間に一度療育センターに通いました。療育センターへは「改善」目的ではなく、「自立ができるように」「人に迷惑かけないように」という考えで通っていましたが、優に変化は見られず、通う意味を感じられないままでした。

小学校は普通学級に入るが、1年生のテストの平均点は20点

言葉が遅い優は、保育園の年長になるまで言葉がなかなかはっきりせず、コミュニケーションが成立しませんでした。とはいえ、年長の後半になってからは、普通の日常会話なら問題ないレベルになりました。

その後、小学校入学を迎えたのですが、ここで普通学級を選ぶか、特別支援学級に進むか、ずいぶん悩みました。就学前に療育センターでＩＱ検査をしたところ「68」で、グレーゾーンだったのです。70以下から支援学級、40以下になると支援学校という基準があるようで、「ギリギリ」のラインでした。

保育園の先生には、「支援学級のほうがいいのでは」と助言されましたが、私は息子の状態を見ていて「普通学級でやらせてみたい」という気持ちが強く、夫ともずいぶん話し合って普通学級に決めました。最初から支援学級に行ってしまうと、後で普通学級に移るのはすごく大変だと聞いていたこともあります。

現実には、同学年の子と比べ、明らかにできないことがたくさんありました。まず勉強が全然ついていけず、前期の期末テストの平均点が20点くらい。0点もありました。

勉強のほかにも、先生の指示が理解できないという面もありました。1対1で目を合わせて話してもらえれば理解できましたが、大勢に対する指示、たとえば、「次に○○の授業があるから、その準備をして、廊下に並んで、○○の教室に移動しましょう」という指示だと理解できず、何もできませんでした。

クラスには保育園から一緒のお友達がいて、その子たちが「次はこれとこれ持って、ここに行くんだよ」と手伝ってくれました。お友達の協力で学校生活が成り立っている感じでしたが、本人にとって学校は楽しい場所だったことが救いでした。

●「このままでは支援学級に移らなければならないかも……」

1年生も夏休みを過ぎると、このまま普通学級では難しいのではないかと思うことも多くなりました。「2～3年後には支援学級になってしまうのかな」と悩んでいたときに、夫が『子どもの脳にいいこと』という本を買ってきて、鈴木先生のEEメソッドに出合いました。そこには今まで聞いたこともなかった「発達障害が改善できる」という言葉が書いてあって驚きました。

体験談を読み「すごい！」と思ったものの疑いの気持ちもあり、実際にやってみようとまでは思いませんでした。ところが夫は積極的で、鈴木先生の講演会に行き「これはすごい、やってみよう」と熱心に言うんです。夫に誘われ、どちらかと言うとしぶしぶという感じで講演会へ行きました。たまたまそのときは鈴木先生の講演に加え、親御さんたちも壇上でお話しされました。

涙を流しながらお話しされるお母さんの姿に、同じ境遇の親の気持ちに心から共感し、すぐにＥＥメソッドを始めようと決めました。

しかし、不安な気持ちもありました。

「他の家ではうまくいっているかもしれないけど、うちではうまくいかないかもしれない」

と。そのとき夫が
「何もやらなければ、優は今のままで変わらない。でも、たとえだまされてでも、もしかしたら改善するかもしれない。ダメだったらそのとき、また考えればいいよ」

と言い、心を決めました。

当時、ちょうど優も学習のことで苦しんでいたときだったのです。勉強ができないことがつらいようで、「もっと頭がよくなりたい」とずっと言っていました。学校でストレスがたまり、それを私たち親に上手に伝えることもできないストレスが上乗せされて、家に帰ると「ギャーッ」という奇声を上げてパニック状態になっていました。それを見て「何とかしてあげたい」という気持ちがますます強くなったのです。

●まず食事の改善から

２０１３年の10月から、ＥＥメソッドを開始しました。まず着手したのは、食事の改善です。夫が肉や白砂糖、添加物について書かれた書籍を10冊ほど取り寄せて勉強し、いろいろ教えてくれました。夫に「牛乳とパンだけは止めさせたいんだ」と強く言われて困ってしまいましたが、私も知識を得て家でのパン食を止めました。優だけではなく、私も夫もです。

おやつは、おにぎりやおせんべいにし、小麦粉を極力とらないようにしました。学校に相談したところ、給食の牛乳もすんなり止めることができましたが、小麦の除去は難しいということで、パンは食べています。

大人も子どもも、キレやすかったり、アレルギーの問題があったり集中力・やる気がなかったりするのは、食生活が原因の一つと言われています。私たちも食の改善で子どもだけでなく私たち親もかなり変わり、食事の重要性を再認識しました。神経質になりすぎず、楽しみながら、できる限り和食中心の食事にするとよいと思います。

●子どもの目がキラキラしてきた!

以前から、優が自分の気持ちをストレートに表現しないことについて、不思議に思っていました。甘えてくることもないし、叱ってもヘラヘラ笑ってごまかすようなところがありました。夫もそれを気にかけていたため、ＥＥメソッドを開始するときに、どうしたらよいかを協会のカウンセラーさんに電話相談しました。

カウンセラーさんのアドバイスは

「子どもを抱きしめて、ゆっくりと話を聞いてあげるように」

というものでした。子どもと関わるときは、まず親自身がリラックスすることが大事で、その状態で子どもの話に対して、「うん、う〜ん、そうかぁ。そうなんだね、そうしたかったんだね」と深くうなずいて共感してあげるとよいそうです。相槌はできるだけゆっくり。それが子どもからすると「自分の話を一生懸命、聞いてくれている。お母さんは僕を見てくれている、という安心感につながる」ということでした。

早速、電話相談したその日に優が学校から帰ってから試したところ、まさにその日から子どもの様子がガラリと変わってしまったんです。

その日の夜、お風呂から上がったあとから、私の膝にぎゅ～っと顔を埋めて離れませんでした。以前は甘えることさえ、上手に表現できなかった子が……。

「この子はこんなに甘えたかったんだ！」

とビックリしました。

それからはもう、日に日に変わっていきました。目をキラキラさせて、自分の考えをきちんと言葉で伝えてくるようになりました。

「この子はこんなこと考えていたのか！」

とどんどんわかってきて、私もうれしいし、子どもも楽しくなる。「育児ってこんなに楽しいものだったんだ！」と初めて実感しました。

●10ページ相当の国語の文章を暗唱！　先生も驚いた記憶力

ＥＥメソッドを開始して、約4カ月の短い間に本当にめざましい改善がありました。

発達検査表の「◯」も「△」もいっぱい増えました（発達検査表については2章で紹介します）。

驚くようなこともありました。国語の音読が毎日の宿題となっていましたので、カウンセラーさんに話したところ

「音読は記憶回路を開くのに非常にいい」「毎日やったほうがいい」

と言われました。

そこで毎日行なっていたのですが、ある日、国語の教科書のまだ学校では勉強していない10ページほどの昔話のような物語を、私はできるだけ早いスピードで音読しました。季節は冬。こたつに入って足を温めていて血流はよく、子どももものんびりと非常にリラックスした状態でした。物語の内容も優には楽しかったようで、すごく喜んで聞いてくれました。

その日は5、6回でしたが、次の日もまた読んであげて本人も音読しました。すると3日目にはなんと、10ページ分を全て暗唱してしまったのです。こんなことは初めてで、私は驚いて、学校の連絡ノートに「ほぼ暗唱しているようです」と書きました。

担任の先生はその後、抜き打ちで暗唱させたそうです。ほかのお子さんは、冒頭3行くらい読んだところで読み間違えたり、言葉を抜かしたり。息子だけが最後まで完璧に暗唱できたとのこと。先生は「これは、間違いなく特殊能力です。天才です！」

と息子の天才性を認めてくれたのです。

●1年生3学期の平均点が50点に！　苦手な算数ではなんと100点！

学力もどんどん上がってきました。1年生の前期は平均20点で、中には0点もある状態でしたが、3学期のテストでは平均約50点でした。いちばん苦手としていた算数でも100点満点を取ってくることがあり、驚いてしまいました。

1年生の学年末に、1年間で描いたいろいろな絵を全部持って帰ってきたとき、「これ、一体何の絵を描いたの？」と聞いてみました。

「お日様がここにあるでしょ？　ここに川があってね。この川の中にハートの石があるんだよ。このハートはお母さんのことを思って、僕が真心を込めて描いたんだよ」

絵そのものにも驚きましたが、説明にもすごいなとビックリ。真心なんて言葉を使えるなんて……。会話の内容がだんだん大人っぽくなってきていることを感じました。

学校生活にも次第に順応してきて、それまで苦手だった、先生から大勢に対する指示も理解できるようになってきました。先生からも「生活面では普通学級で何の問題もありません」と言われました。

●支援学級でリーダーシップを発揮

小学校2年生の12月、担任の先生との面談で、

「生活面は問題ないが、授業で理解できないことが増えてきて、授業に集中できず、窓の外をボーッとながめたりすることが増えてきた。自信のなさを感じる。優君にとって、学校生活がつまらなくなってきている。勉強ができる、できないという問題ではなく、本人がキラキラ輝けなくなってきていることが心配だ」

という理由で、支援学級を勧められました。

そこで1月から毎日、校内の支援学級へ通級し、さらに本人の希望ですべての授業時間を支援学級で過ごすようになりました。EEメソッドによって改善してきていた優にとって、支援学級での生活はリーダーシップをとって自分に自信がつけられる場でした。

普通学級では、席を移動すれば先生に叱られます。優は入学してから一度も席を立つことがありませんでしたが、それは自分の自信のなさからの行動だったのだと、そのときになって気が付きました。自分に自信がないから、必死になって周囲に合わせ

ていたのです。不安だったために必死に我慢をして、席を立たずにいました。その必死の我慢が、貧乏ゆすり、爪かみという行動になっていました。

　ところが、支援学級へ行くと我慢しなくてよいので、貧乏ゆすりと爪かみの行動がなくなったのです。ようやくそのことに気づき、私は約3年ぶりに、涙しながらわが子の爪を切りました。年長の頃から爪かみが始まって以来、いつも優の爪は短くて、私が切る必要がなかったのです。

「この子、こんなに頑張っていたんだ……」

と思うと、涙が止まりませんでした。そして優からこんな言葉も……

「お母さん、ぼくは1年生、2年生と、お勉強一生懸命がんばってきたんだよ。だからちょっと疲れちゃったんだ……」

　自分の気持ちをこんなふうに表現できるようになったのは、改善の表れです。でも優は今、疲れを感じている。無理に普通学級にしがみつくことだけが正解ではないのかもしれない……支援学級への移行を決心しかけました。支援学級へ行くなら、普通学級の勉強はできなくなります。ますます、ＥＥメソッドに力を入れて、自宅での支援が重要であると感じました。他のお母さんにＥＥＳ協会の東京オフィスのスマートブレインコースをすすめられ、体験コースを受講し、取り組みを必死になって吸収してきました。

1年間の学習成果発表で得た大きな気づき

支援学級への通級を開始して2カ月で、優の自信が再び戻ってきました。毎日キラキラしていて、楽しく学校で過ごし、精神が満たされたことから集中力も上がり、吸収力もアップ。それまで読めなかった時計も、あっという間にマスターしました。

ちょうどその頃、普通学級では、2年生の1年間の学習成果を保護者へ発表する「発表会」の準備がスタートしていました。担任の先生より

「優君は毎日、支援学級へ行っているけれども、時計となわとびの発表をしてみてはどうか？」

と提案がありました。優の気持ちを聞いてみると本人もやる気満々で、普通学級へ戻り、発表会への取り組みがスタートしました。

1週間後の発表会では、保護者とクラスのみんなが見守るなか、

「ぼくは1年間、時計のお勉強を頑張りました。今から先生が問題を出すので、答えがわかってもみんなは言わないでください」

と言うと、先生が大きな時計の針を動かしながら出す

「今、6時40分です。35分後は何時何分になりますか？」

「今、5時20分です。6時5分まで、あと何分ですか？」

という問いにも、すべてきちんと答えました。

なわとびの発表は、二重とびや交差とびを発表する子もいるなか、優は普通の前とびです。「ぼくは30回とべるようになりました。目標は40回です」と言って、チャレンジが始まりました。

私はこのとき、こんなとび方ではどの子もできて当たり前と、少し引け目を感じてしまいました。でも、キラキラと目を輝かせ、満面の笑みでうれしそうになわとびをする優は、その場にいたクラスのみんな、保護者のみなさんをあっという間に魅了してしまいました。大きな拍手をもらい、最高の盛り上がりとなったんです。

周囲と比べ、引け目を感じた自分が恥ずかしくなりました。これがきっかけで、私は気づいたのです。自信をつけなくてはいけないのは、優ではなく、私自身であるこ

とに。子は親の鏡。私自身のすべてが優に映し出されていたのです。

●再び普通学級へ

春休みに入り、学校で3回目の面談をしました。事前に学校側からは、進級や授業での取り組みに関しての希望を、可否に関わらず、できる限り出してほしい、と言われていました。優にとって最良の道を探してあげたいということでした。

そして、「どうか慎重に決めてほしい、支援学級から普通学級へ戻れるかも、という考えは捨ててほしい」と言われました。

支援学級への通級を開始して約3カ月、何度も夫婦で話し合い、悩み、それでも支援学級への本格的な移行を決定できずにいました。なぜなら、一度支援学級へ入れば、中学も支援学級、高校も支援学校または職業訓練校と、障害者への道が決定されてしまうからです。

そこで、私たち夫婦が学校へ出した希望は、普通学級に在籍したまま支援学級へ通級することを6年生まで、無理ならせめて3年生の間だけでもお願いしたい、という内容でした。

するとで、支援学級の先生からこんなお話がありました。

「優君は、最初は本当に楽しんでいたし、リーダーシップもとれていて、支援学級の子たちも優君のおかげでとても楽しく過ごせるようになったんです。

ところが、ここ最近の優君は、支援学級の勉強だと易しすぎて時間が余ってしまう。その結果、優君はキラキラしなくなってしまったんですよ。

普通学級の勉強は難しすぎて、貧乏ゆすりするかもしれない、爪かみするかもしれない。でも、これからは、守られてばかりでなく、多少のストレスにも打ち勝つ精神力を身につけていくことも必要です。ここは思い切って普通学級でどうでしょうか？」

夫婦ともに驚きました。まさか普通学級を勧められるとは……。学校側がこのような提案をした理由の一つは、家庭での取り組みです。入学から現在まで、私は細かく密に、優のよい面、できるようになったこと、現在の取り組みを常に連絡し続けてきました。先生方も、家庭でこれだけの支援ができているのだから、普通学級でもよいのではないか、と考えられたようです。

●家庭学習で楽しく自信をつけながら

4月から優は、普通学級で3年生をスタートしました。

EEメソッドをする時間をつくるため、毎日の宿題の免除を許可していただきました。教科書ワークを使って予習を重ね、苦手な算数は答えを記憶してから授業を受けています。このことで自信をつけた優は、「予習して安心して学校へ行きたい」という気持ちが強くなり、自分から苦手な算数の予習ばかりを希望するようになりました。

3年生から始まった理科と社会に関しては、理科に出てくる野草の名前は一緒に外で実際に野草を探して名前を覚える、社会の絵地図や地図記号については近所の交番へ行き、おまわりさんから地図記号を教えてもらう。そんな楽しめるような取り組みをしています。

国語は音読で漢字の読みもすぐに記憶します。算数の予習内容は、毎日、すべて連絡帳へ記入しています。担任の先生と連絡を密にすることで、先生も、よりしっかりと優を見てくれます。そして、「予習の成果が出ています!! すさまじいやる気です!!」と先生からお返事が来ます。

予習することで、私自身が自信をつける、それが優に反映する。それが今のポイントです。また、教科書に徹したがんじがらめではなく、その日その日の優が興味を持つものにピントを合わせ、フレッシュな内容の取り組みを心がけています。

EEメソッドを開始して2日目で改善を実感！　漢検でも満点合格

山口美幸さん＆息子・涼くん（仮名・EEメソッド開始時＝4歳11カ月）

●3歳2カ月で自閉症と診断

涼が歩き始めたのは1歳1カ月で、順調に発育しているように思えました。ただ、あとから思えばおっぱいの飲み方が変わっていて、普通は抱っこされるところを、涼はハイハイをしてきてそのままの態勢でおっぱいに吸いついていたのです。抱っこでは飲みませんでした。

ただそのときは、この子はそういう飲み方をしたいのかなと思い、特に気にもとめていませんでした。

「あれ？」と思ったのは、3歳が近づいても言葉が遅いことでした。ただ、1歳前から習わせていた英会話では、言葉は出ないものの、外国人講師の言うことはちゃんと理解しているのです。

たとえば英語で箱の中のものを「二つ取って」と言うとちゃんと二つ取る。「二つ取って」と言うとちゃんと二つ取ります。色についても「赤はどれ？」と聞かれるとちゃんと指で指せるのです。形についても同様にできました。ですから、英語と日本語が混ざってしまっているから言葉が出てこないのかなと思っていました。

それでも気になって、小児科医の検査を受けてみたところ、「もっと詳しく検査してもらったほうがいい」と言われ、紹介された専門医で「自閉症」と診断されました。3歳2カ月のときです。

それはもうショックでした。自閉症という言葉は聞いたことはありましたが、知識もないし、「なぜこの子が？」「将来は引きこもりになっちゃうの？」と頭の中が疑問でいっぱいでした。しかし、言葉の遅れのほかに、行動の切り替えができないなど、思い当たる節もあるのです。

たとえば、自分の好きなゲームに夢中になっているときに「ご飯だよ」と呼ぼうものなら、1時間半も大暴れしました。奇声もありました。ショッピングセンターで、帰りたくないと奇声をあげて暴れだすこともよくありました。

それでもどこか現実を否定したい気持ちもありました。言葉が出ないだけでちゃんと理解はしていますし、パソコンも得意でした。

今思えばおかしな図なのですが、おむつをしながらパソコンに向かっているのです。それも、ウィンドウズもマッキントッシュもどんなOSでもスイスイ触れるのです。親はもちろん何も教えていません。

超高速のドッツカードに集中

幼稚園に入園してから、1学期中は泣き通しでした。座っていられなくてフラフラ立ち歩くといったこともありました。2学期ぐらいからは、だんだん慣れてきて泣くのも減ってきました。友達とは上手に会話はできないですが、ままごと遊びに入って遊ぶなど、それなりの関わりは持てていました。

幼稚園に行きながら、定期的に療育施設にも通っていました。そこでは集団行動や言葉を学ぶほか、運動や手先を使う練習もありました。ただ、そこでめざましい改善というのはありませんでした。

鈴木先生の本を読んだのはその頃です。最初は正直言って、「本当なのかな？　怪しいんじゃないかな？」と半信半疑でした。それでも気になったので、自分で市販のカードを使って子どもに見せてみました。めくり方もスピードもわかりませんでしたが、子どもはそれなりに見るので「なるほど」と思っていました。

面談を受けたのも、最初は軽い気持ちでした。ところが、そこで起こったことにビックリ。

先生が面談の後半でドッツカード（点のカード）を超高速で見せてくださったところ、そのときは驚くほど集中して見ていたのです。そして「12はどれ？」「15はどっち？」と聞くと全部当ててしまう。親もわからないほど速いのに、子どもには全部入っているのです。驚きました。

それで「これはもうやるしかない」と決めたのです。２０１１年10月、５歳になる直前でした。

●2日目に発声が明瞭に

早速セミナーを受講して、ＥＥメソッドを開始。メニューはフラッシュカード、型はめ、暗示、パズル、マッサージ。食事も改善しました。指の訓練になると思い、自分で工夫した洗濯ばさみを使った作業もさせました。

なんと2日目には、「あ、違う」と気づきました。言葉がハッキリしてきたのです。それまでも言っていることはわかるのですが、発音が不明瞭なところが若干ありました。それがはっきりしてきたように思えたのです。

2週間もすると、みるみる言葉が出るようになりました。まだ二語文、三語文だったのが、ちゃんと文章になって会話が成立するようになってきました。しかも毎日、言葉が増えていくのです。

前は、「今日何したの？」と幼稚園の様子を聞いても、説明ができず、質問とまったく違う答えが返ってくることが多かったのです。それが「今日はお散歩行った」「○○ちゃんと遊んだ」と、ちゃんと報告ができるようになってきました。

やれることもどんどん増えてきて、もう成長しているのが毎日、目に見えてわかるのです。幼稚園の先生からも「涼くん、変わりましたね」とほめていただきました。

その一方、ＥＥメソッドを始めて1、2カ月すると、奇声が激しくなったのです。ひどいときは30分から1時間も続くことがありました。困ってしまうこともあったのですが、成長は間違いなく実感できていたので、これも発達段階の一つだと思うことができました。後日セミナーで質問したところ、「ストレス発散のために改善の過程でそういうこともあります」と言われ、ほっとしました。実際にも、奇声が出ていたのは家の中だけで、幼稚園では一切ありませんでした。

●演奏会前の半日で大改善

改善が進むなか、年長に進級しました。年長ではいくつかの幼稚園が合同で演奏をする音楽会がありました。涼が演奏する楽器は鍵盤ハーモニカです。

最初は会場から逃げ出し、練習になりませんでした。私がピアノを弾いて家で練習をしたときはかなり上手に吹けていたのですが、幼稚園ではまったくダメなのです。しまいには先生から「この状態ではステージにあげられないので、涼くんはステージの袖で演奏をしてもらいます」と言われてしまいました。

家であれだけ練習したのにと、頭を殴られたようなショックを受けたのですが、EES協会で教わったことを思い出して家でカードを作り、暗示の言葉を一生懸命かけました。幼稚園の先生にも頼んで、練習の際に暗示の言葉を入れてもらいました。

そうしたら、あっさり練習に加われたのです。

それでもまだ心配だったので、前日のリハーサルを特別に見せてもらったら、演奏には参加できていたのですが、自分の演奏がないときは一人だけリズムに合わせて踊っているではありませんか。ほかの子はきちんと立っているのに。

驚いたなんてものではありません。先生に聞くと「今日はまだ踊り方が小さいほうだった」とのこと。

本番まで半日しかありませんでしたが、やるしかないと思い、急遽《きゅうきょ》カードを作りました。「踊りたくなってもまっすぐ立ちます」「楽しく聞きながらまっすぐ立ちます」と教えると同時に、暗示の言葉を半日間入れ続けました。

すると本番では、踊りたいのを我慢する仕草は見えたものの踊ることなく、みんなと一緒に最後まで立派に演奏できたのです。前日の姿を見ていた私にとって、今までこれほど感動することはなかったと思うくらいの出来でした。うれしくて涙が止まりませんでした。

何カ月もできなかったことが半日でできたのです。幼稚園の先生も「どうやったら半日でああも変われるのか」と驚かれていたそうです。

●普通学級へ進む

小学校の入学準備として受けた就学時健診は、問題なくクリアできました。しかし学校側からは「支援学級を勧める」と言われてしまいました。3歳で自閉症の診断を受けていること、就学時健診ですべてがわかるわけではないなどの理由でした。教育委員会からも、「療育手帳をお持ちなら支援学級ですね」という対応を受けました。

涼自身に決めさせようと思い、学校にお願いして、普通学級と支援学級の両方を見学させてもらいました。支援学級では絵本の読み聞かせをしていて、それには興味をもてなかったようでしたが、普通学級の1年生のクラスの国語の授業には興味津々で、授業に積極的に参加していたのです。目の輝きが全く違うのがわかりました。

最終的には2月の終わりに親が最終判断を行なうため、校長先生、教頭先生、主人、私の四者面談をもちました。「学校任せにするつもりはない」ということを伝えたうえで「普通学級に行かせます」と伝えたところ、学校側は了解してくれました。EEメソッドを始めて、1年半ほど経っていました。

●学校では「挨拶名人」に

幼稚園の修了式では、入園式では座っていられなかった子どもが、長時間きちんと座って大きな声で返事をしたり、お別れの言葉を言い、歌を歌っていました。その姿を見ると感無量でした。入園のときには想像もつかなかったことです。

ところが、小学校に入ってまた問題が起こりました。

環境が変わったことや、幼稚園からの持ち上がりのお友達が誰もいなかったこともあり、行きたがらないのです。私もしばらくは小学校まで付いていったのですが、泣いて「帰る帰る」の連続でした。

ゴールデンウィークまではそんな感じが続いたのですが、連休中にカードを作って「学校は楽しいな」「お友達が待っている」というのをやったり、暗示の言葉を入れたところ、何と休み明けにはあっさりと登校。こちらが拍子抜けするぐらいでした。

それからは毎日楽しく通えるようになったのです。お友達もできているようで、毎日一緒に帰る子もいます。会話はあまり成り立っていないのですが、本人はすごくニコニコしていて、お友達と一緒にいる雰囲気が楽しいみたいです。

学校では「挨拶名人」と呼ばれるぐらい挨拶がきちんとできて、「ありがとう」「ごめんなさい」もよく出るようです。

あと、休んだ友達が登校してきたら「大丈夫?」と言いに行ったり、給食で嫌いなものを食べている子に「がんばれー」と声がけをしたりするそうです。そのせいか、クラスのお友達だけでなく、上級生にもかわいがられていると聞きました。

担任の先生にほめ言葉ノートをつけてもらう

もちろんまったく問題がないわけではなくて、学習発表会がうまくできない、朝の準備や登校後の準備がなかなかできないといったこともありました。そういうときは必ず家で、暗示とカードを使ったフォローアップをして、一つひとつクリアしています。

担任の先生にお願いして、つまずきがあったときはノートにほめ言葉を書いていただいています。内容は「今日は○○ができて先生うれしかったよ」とか「掃除が上手にできたね」「みんなと一緒に練習できたね」などのひと言ですが、涼の様子がわかってありがたいし、何より子ども自身が喜んでそれを励みに学校に行くのを楽しみにしています。

復習より予習が大事

学習面では1学期はよかったものの、2学期に入って漢字でつまずくことがありました。読めるけれど書くのが苦手でした。これも家庭学習と暗示、ほめることで乗り切りました。「前より上手になったね」とほめ続けると、次第に書くのも上手になってきました。

家で1日1文字ずつ練習していったのですが、書けるようになってくるとそれも楽しいみたいで「『明日』はなんていう字？」と聞いてくるまでになりました。その結果、3学期が始まる前に1年生の漢字を全部終えることができました。

そこで気づいたのは、子どもには復習より予習が大事なのだということです。それまではどちらかというと復習に重点を置いてきたのですが、それよりも予習をして、家で1回やっておくことでスムーズに理解できるということを、涼を見て知りました。

●漢字検定に100点満点で合格

学校生活にもっと自信をつけさせるためにはどうしたらいいか？　ＥＥＳ協会の鈴木先生やほかの先生に相談したところ、客観的な評価が得られる公的な試験に挑戦してみては、とアドバイスされ、漢字検定に挑戦してみることにしました。

検定は、ふだん通学している学校が受験会場となることもありますが、環境の変化にも慣れさせるため、あえて周りに顔なじみの子のいない一般向けの会場を選んで受験しました。実際には、大学の広い講義室での受験です。また、検定は、問題を解き終わったからといって途中退出はできません。5分としてじっとしていられないわが子には、40分の試験時間、座っていられるのか？　さらには、学校のテストでしたら、きたない字でも、先生が甘く採点してくれることもあるかもしれませんが、検定は丁寧に書くことを求められます。涼にとっては、いずれも大きな挑戦でした。

結果は、見事満点での合格。しかも、合格の証である賞状が送られてくることがうれしかたようです。その後、数学検定にも挑戦しています。

●子どもの可能性を信じる

今は毎日楽しく学校に通えて、勉強も大きな問題がなくこなせていて、友達もいる。本当にありがたいことだと思っています。

私もわが子の改善を願って一生懸命取り組んできましたが、涼もいつも全力投球で付いてきてくれました。

ＥＥメソッドを始めて４年。今は小学３年生になりましたが、テストもがんばった成果をいつも持ち帰ってきてくれます。普通学級にいますので、テストも別室で受けるわけではなく、周りに皆がいるなかで受けます。そうした緊張感のある環境でも本当によくやっていると思いますし、学習面をもっと伸ばしたいという私の気持ちや家庭学習に、応えてくれていることを感じます。

子どもを改善するのは親しかいない。つくづく実感しています。

1年で国語や理科の100点満点を連発！

杉田由利子さん＆息子慎吾くん（仮名・ＥＥメソッド開始時＝9歳10カ月）

●自閉症スペクトラムのグレーゾーン

小学校では普通学級に入った慎吾ですが、1年生の担任の先生に家庭訪問の際、「普通の子とは少し違う」と指摘されました。忘れ物も多く、先生が皆に話をしているとき窓の外の鳥を見ていたりしていたそうです。文章を読んでも、何が書いてあるのかよくわからないようなところもありました。学校の出来事を尋ねても、「わからない」と答えるだけでした。

小さい頃から言葉が遅く、手先が不器用だったり、体を動かすことが好きではありませんでした。花火や号砲などの大きな音に敏感で苦手だったり、ボール遊びをしてもボールから逃げてしまうのも気になっていました。心配になって、関連本を読んで調べたりもしていました。

コミュニケーション能力が乏しい、数の概念がわからないなど、自閉症スペクトラムに該当しそうでしたが、認めたくない気持ちがあり、「個人差だろう」と検査へは連れて行ってなかったのです。そんなとき、私の両親が新聞で鈴木先生の本を知り取り寄せたことから、ＥＥメソッドに出合いました。

鈴木先生の本を読み、両親の勧めもあって夫婦で親子面談に行きました。鈴木先生との話では「グレーゾーンなのですぐには普通クラスに行けないけれど、がんばれば確実によくなる。高校も学区内でいちばん偏差値が高い学校に行ける」とのこと。

そう言われても最初は信じられない気持ちでしたが、「息子さんをこうしたのは親だ、手を抜いて家庭教育を怠ってきたからだ」と言われて、ショックを受けました。「いずれは皆と同じになるだろう」と、他の子とは違うことに気づきながらも逃げていた自分を見抜かれたようだったのです。「先生にそこまで言われたら、やらなければいけない」と心に決めました。

●「おはよう」「ありがとう」が言えるように

最初に取り組んだのは、食事面の改善です。私も仕事をしているので、出来合いのものや冷凍食品をよく買っていました。子どもたちがパン好きだったこともあり、朝はほとんどパン食だったのですが、そんな食事を変えました。朝食はごはんにして、発芽玄米をごはんに混ぜたりしました。お味噌汁の出汁はかつおやこんぶ、にぼしに変え、出来合いのものや冷凍食品はなるべく食べないようにしました。慎吾に「パンは体によくないのよ」「ごはんは腹持ちがいいのよ」と話すと理解してくれて、すんなりとごはん食に切り替わりました。

食事を改善すると、自分から何かを言う子ではなかったのに、なんと自分から「おはよう」「おやすみ」と言うようになり、何かしてもらったら「ありがとう」も言えるようになったのです。「自分からおはようって言ってくれたのが、うれしい」と、たくさんほめました。

体調にも変化がありました。小さい頃からアトピー体質で、寝ながら体をかきむしることがあったのですが、それが目に見えて少なくなりました。体温も平熱が36度2分から5分だったのが、食事改善後は2カ月半で36度6分から9分に。お通じも通学前に確認したら出たり出なかったりだったのが、毎日出るようになりました。しかも今では、ちゃんと毎朝学校へ行く前の決まった時間に出るようになったのです。

以前は毎年冬になるとインフルエンザで学校を休んでいましたが、食事改善と体力がついたことで4年生のときは休むことなく通学でき、皆勤賞をもらってすごくうれしかったようです。妹がインフルエンザにかかったとき、ほかの家族に感染しなかったのは、家族皆で食事改善をしたおかげだと思います。

食事改善のほかには、フラッシュカードを毎夜、入浴後の血行がよいときに行ないました。もともと昆虫や生き物に興味がある子でしたので、虫のカードには最初から興味をもって、喜んでやっていました。いつからか、自分でやると言い出して、すぐに自分でめくりながらやるようになりました。「フラッシュカードをやろうか」と言うと、嫌がらずに楽しそうにやっています。

特技というか、ＥＥメソッドを始める前から、標識に興味があって、一度見た標識をすぐに覚えたり、一度通った道を後になってもよく覚えていたりしました。また、大好きな昆虫のことを毎日図鑑で調べて私に説明してくれました。そうした面は、ＥＥメソッドを始めてからグッと伸びたように思います。４年生になった今は、理科で星座を学んだら星に興味をもつようになり、星座の話もするようになりました。

●開始1年あまりで100点満点を連発

小学校では、1年生のときから国語と算数は支援学級で学んでいました。2年生になって社会と理科が始まるとノートをとるのがたいへんで、3年生から社会も支援学級で学ぶようになりました。ところが4年生になってEEメソッドを始めると、社会と理科は普通学級との交流学級で学べるようになり、まじめに授業を受けています。先生が言ったことは伝えてくるようになりましたし、テストの点数もとてもよくなりました。

ほかの子にとっても難しい社会のテストで75点を取ったときは、先生からも「難しいテストでこれだけの点数を取れたので、授業にちゃんとついていけます。大丈夫です」と太鼓判を押されました。得意な理科は、100点満点を連続して取りました。「おうちで勉強しているんですか」と聞かれたほどですが、特に理科に力を入れているわけではないので、慎吾本人の興味があるからではないかと思います。

国語と算数は支援学級で受けていますが、国語でもときどき100点を取れるようになりました。算数は、図形や大きい数が苦手でばらつきはありますが、50点は取れています。

本人もいろいろなことに自信がついてきたようです。運動も苦手でしたが、体力づくりのために5年生の6月から妹と一緒に空手を習わせました。最初は右も左もわからないし、人のマネをするのも苦手でまったくできなかったのが、家で毎日DVDを見ながら練習したところ、2級ずつの飛び級で6級まで上達しました。集中して練習できるようになって、運動でも自信がついてきたようです。

サッカーなどの体育の授業でも逃げなくなり、積極的にやるようになりましたし、学校の休み時間は友達と一緒にボール遊びなどをして遊んでいます。

自分の言葉で自分の気持ちが言えるように

いちばんうれしかったのは、慎吾が自分の言葉で自分の気持ちを表現できるようになったことです。前年度の担任の先生と偶然お会いしたとき、「聞いてください、お母さん」と言って、こんなお話をしてくださいました。

「慎吾くんが友達と遊んでいる様子を見ていたら、ボールが顔に当たったらしく表情が変わって昇降口へ走って行ったので、友達も心配していたんです。声をかけたら、

『顔にボールが当たってびっくりしちゃった。でも友達が待っているから戻って遊ぼうと思ったけれど、まだ心が落ち着かないから、ともだち学級で休もうかな』と話してくれたんですよ」

以前の慎吾だったら、こんなときは何も話せなかったのです。こちらからいろいろ推測して聞いてあげなければ、理解できるような返事は返ってきませんでした。でも、しだいに自分の気持ちを伝えられるようになり、会話も増えてきました。今では、ちょっと反抗期になってきたほどです。

私自身もずいぶん変わりました。以前は、まったくほめる気持ちがなく、「これくらいはできて当たり前よ」と思っていたのです。でも今は、慎吾に限らず子どもたちが何かできるようになると、些細《ささい》なことでもうれしくなってほめますし、子どもたちから「やってあげるね」と声をかけられると「ありがとう」と自然にお礼の言葉が出るようになりました。

仕事で疲れて帰ってきても、以前は「疲れているからお母さんにかまわないで」という気分でしたが、慎吾が成長しているのを見ると、「子どもの前では明るくいよう」

「前向きにいよう」と考えるようになりました。たとえ体は疲れていても子どもたちのことを考えると元気が出るし、切り替えもできるようになったのです。

小さなことでくよくよしていたのも、前ほど気にしなくなり、明るい気持ちで何事にも向かえるようになりました。頭痛や風邪などの体調不良もしょっちゅうでしたが、今では食事や睡眠がよくとれますし、風邪もひかなくなり、自分も健康になったなと思います。

●家族全体が和やかな雰囲気に

慎吾は三人兄弟のいちばん上で、4歳下と8歳下の妹がいます。私の仕事はお昼までなので時間的には子どもたちと接することができますが、末っ子に手がかかると慎吾をかまえなくなります。慎吾と末っ子に手をかけていると、今度は真ん中の子が赤ちゃん返りしたりと、3人の子どもたちのバランスをとるのがなかなか大変でした。どうしても慎吾に手がかかるときは、末っ子の面倒を主人の両親に手伝ってもらったりと、周囲の手を借りました。

ＥＥメソッドの足裏マッサージなどは私には体力的にちょっと辛くもありました。居眠りしながらやって、慎吾に「力が入っていない」と言われたこともありましたが、今はリズムもつかめてきました。

以前は妹におもちゃも貸せなかった慎吾が「お兄ちゃん貸して」と妹に言われると、そのとき自分で使っているものでも貸してあげられるようになりましたし、妹たちの面倒も見るようになりました。特に末っ子の面倒をよく見るようになり、一緒にお風呂へ入って体を洗ってくれたりすることもあります。

主人は「男の子だから甘やかしてはいけない」と、厳しい態度で慎吾に接していましたが、トレーニングセミナーの2回目を夫婦で受けてからは考え方を変えて、注意が必要なときには穏やかに話すようになりました。慎吾が何かできると、ほめるだけでなく「お兄ちゃん頼りにしているよ」と優しい言葉をかけるようにもなりました。それもあって、以前は「お父さんは、僕には怖すぎる」と主人のことを避けていた慎吾の反応が変わってきました。実は祖父母が心配するほど父子の間に溝ができていたのですが、少しずつ埋まってきています。

ＥＥメソッドを始める前に比べると、家族全体が和やかな雰囲気になったことが、本当にうれしいです。

平均20〜30点だった国語・算数が7カ月で100点満点に

山下浩二さん＆娘・千鶴子さん（仮名・ＥＥメソッド開始時＝10歳1カ月）

●精神的な幼さが目立つ

千鶴子は3人兄弟の末っ子です。上に2人いるせいか、幼稚園の入園式のときに「周りの子に比べて精神的な成長が遅れているな」と思いました。体も頭一つ分小柄だったのですが、それ以上に、母親に抱き着いたまま離れない幼さが気になったのです。

それでも小学校に入学する際の就学前検査では問題はなく、普通学級に入りました。病院へ行ったり、知能検査を受けたりはしなかったのですが、普通学級でみんなに付いて行けるのか心配でした。

全体的に2、3年遅れているのではという印象でした。一人で入浴し頭を洗っても、シャンプーを流さないまま出てきてしまったり、歯磨きをしても歯の裏側を磨けなかったりと、詰めが甘いところが目立ちました。姉が小学校に入ると興味を失いやめてしまったような遊びも、千鶴子は3年生になってもやっていました。2歳サバを読めばちょうどよいくらいだなと思っていました。

学習面も2年ほど遅れた状態で、3年生まで進みました。普通学級ですが、算数や国語などは支援学級で授業を受けていました。普通学級で受けていた他の科目も、ついていけてはいなかったようです。

興味のあることはすぐに覚えましたが、いやいや勉強させたことは、1回勉強して翌日には全部忘れる。こっちをやればあっちを忘れるという具合でした。

千鶴子が小学校3年生の12月にEEメソッドを知り、「おもしろそう」と思って書籍を読むと「なるほど」と納得でき、すぐに面談を受けました。

鈴木先生がフラッシュカードをやってくださると、千鶴子がポンポンポンポン答えを当てたのには驚きました。一緒に行った家内がびっくりして声を上げたほどです。

ほめられて見せたうれしそうな顔

入会するまでには、1年ほど悩みました。食事の改善も必要だと指導されましたが、そこまでやるべきかと迷いました。食べ物に気を使わずにいました。食べたもので体ができているという発想がなかったのです。しかし、ほかに改善の方法はないので、覚悟を決めて取り組もうとセミナーを受けました。そして、千鶴子が5年生になった頃から本格的にEEメソッドを始めました。

大きくなってから始めたので、いよいよ脳が固まってしまう前に少しでも進んでおかなければと、同時にスマートブレイン（EES協会が行なう小中校生を対象にした学習プログラム）の体験も受けました。すると、速聴と速読での学習を体験した娘の反応がよかったのです。ノリノリで楽しそうにやっていて、井上先生にほめていただいたのが本当にうれしそうでした。

私たち親がついつい上の子たちと比べてしまい、学習でそんなふうにほめたことがなかったので、そんな顔を見たことがありませんでした。娘をほめて上げられなかった自分たちが、どれだけ無知だったかを思い知らされました。

7カ月で100点が取れるように

EEメソッドのトレーニングセミナーと、スマートブレインコースを並行してやり始めました。まず、学校の成績が上がりました。それまでテストの点数は全体的に20点、30点だったのが、スマートブレインで刺激されたのか、開始した年の暮れには算数と国語で１００点を取っていました。

それまでは、読み取ったことをアウトプットすることがまったくできていませんでした。たとえアプトプットできてもとんちんかんでしたし、ケアレスミスも多く、特に算数は全然だめでした。

ところが、歌を歌うのが大好きなので、教材もラップソング付きのものを買い込んで、メロディにのせて覚えるようにしたら、自分でも口ずさむようになりました。おかげで理科と社会の成績も上がりました。

それで自分に自信ができたのだと思います。それまでは、家内が泣いて嫌がる娘を学校の前まで連れて行っていたのですが、嫌がらずに行くようになりました。

実をいえば、私は学校や教育委員会へ何度か怒鳴り込んだことがあります。いちばんひどかったのは娘が6年生のときの運動会で、「危ないから」と騎馬戦に参加させてもらえず、後ろを付いて走って追いかけさせられていたのです。あのときは、学校はこういう差別をするんだと悲しくなって涙が出ました。こうやって学校は差別を植え付けているのかって。

以前は、自分一人でお友達と約束して遊びに行ったりすることもできず、家内が送り届け、迎えに行っていました。でも今は、自分一人でもパーッとお友達と遊びに行っている。それがいちばんうれしい出来事です。

●クラブ活動にも積極的

今、娘は中学2年生になりました。勝手に一人でパーッと学校へ行きますし、文化部ですがクラブ活動にも入っています。中身はまだあまちゃんなところもありますが、だいぶ自立しました。以前とは全然違います。以前はその日学校へ行って起こることが心配で、不安がっていることが多かったのですが、夏休みでも自分で学校へ行ってクラブ活動をして、ごはんを食べて帰ってくることもできるようになりました。

スマートブレインコースはすでに4年通っていますが、中学に入った当初はやはり勉強が急に難しくなるのか、一気に成績が落ちてしまいました。小学校では100点を取ったこともあったのに、一ケタになったこともありました。けれども最近は脳の神経回路がだいぶ増えてきたのか、また成績が上がってきました。ほめられることもよくあるようです。スマートブレインの先生方は、テストの前になると、テスト対策も熱心にやってくださるので、とても助かっています。

今は、数学だけ支援学級に通い、他は普通学級に通っています。このままいけば、普通高校へは行けると思います。


私が取り組んでみて痛感したのは、ＥＥＳ協会が何でもやってくれると思っていたらダメだということです。それも、お母さん一人ががんばっているのではなく、お父さんにも「ずっと子どもと一緒に闘うぞ」という覚悟が相当求められると思います。それでこそ、すごい改善が望めるのだと思います。そういう親の姿勢は、子どもにとっては「親に守られている」エールになります。

だから生半可な気持ちではダメ、負け犬根性で「仕方ない」と思っていたら、効果は出ないと思います。いじめや差別などの二次被害もあるかもしれませんし、そのときは親もそれと闘わないとなりません。

自閉症の可能性があったが普通学級で4回連続の100点！

川村夕季さん＆息子・太一くん（EEメソッド開始時＝4歳4カ月）

●3歳児検診で「自閉症の疑い」

太一は二人目の子どもで、上に年子の姉がいます。お姉ちゃんと比べると言葉も遅いし、歩くのも遅かったのですが、「早生まれだし」「男の子だし」と、それほど気にしてはいませんでした。6〜7カ月で「んまんま（ごはん）」「パーパー（パパ）」などの言葉は出ていましたし、1歳3カ月で歩けるようになると、少しずつ単語が出ていたからです。とくに奇声をあげたり、飛び出してしまうといった問題行動がなかったせいもあります。

ところが、3歳児健診で飛行機の絵を指して「これは何？」と聞かれても答えられない、「積み木を積んでね」と言われてもできない。質問の意味も理解していない様子でした。言葉の遅れも指摘されました。

「療育の方で詳しく検査してもらったほうがいい」と言われて連れて行くと「自閉症

の疑いがある」とのこと。発達の遅れはわかっていたのですが、いざ言葉にされてみると、かなりショックでした。しかしそのときは、療育も勧められず、私も何かを始めるということはありませんでした。

幼稚園に入園すると、二語文、三語文はしゃべれるようになりました。補助の先生が一人ついてくれたこと、田舎で園児数が少ないこともあって、和気あいあい、とてもよい雰囲気の中で通うことができました。

太一は長文がたどたどしく、要求を言葉で言うことが苦手で、指差しなど動作で示すことが多かったのですが、いつもニコニコしているのでみんなにかわいがってもらえたようです。遊びの輪からはずれることもなく、みんなでどろんこになって遊ぶという毎日でした。

ただ、そんな中でも人見知りが激しくて、初めての人や場所が苦手だったり、自分がやりたいことができなかったりすると奇声を上げたりしていたので、「どうにかしたい」という思いは常にありました。

2週間で変化を実感、言葉もどんどん出てきた

鈴木先生の本に出合ったのは、2011年の1月です。私の母が勧めてくれました。本を読んで「自閉症が改善する」ということに衝撃を受けました。自閉症は治らないと思い込んでいたものですから。主人も読み、「これは休みを取って行かなくては」とお姉ちゃんも入れて四人で東京に飛び、鈴木先生の面談を受けました。

本を読んで知ってはいたのですが、先生がフラッシュカードを始めると、本当に集中するんです。世界の大陸をものすごい速度で読み上げながらパッパッパッとめくって、「はい、ユーラシア大陸はどっち？」と聞かれたとき、ちゃんと当てたのです。ユーラシア大陸なんてはじめて聞いたはずなのに。この子にこんなことができるなんてと、本当に驚きました。あの瞬間は今でも鮮明に覚えています。

これはもう鈴木先生についていって、結果を出さないといけないと強く思いました。迷いはまったくありませんでした。

すぐに親のトレーニングセミナーを受講し、ＥＥメソッドを家庭で開始。フラッシ

ュカード、パワーアップ体操、脊髄マッサージのほか、食事も改善しました。

わが家では主人がとても積極的でEEメソッドも私より率先してやってくれています。太一は数字と曜日が苦手だったため、その日の予定を楽しいイラストにしてカレンダーに書き込んでくれたり、フラッシュカード、パワーアップ体操、脊髄マッサージもやってくれたりしました。

あと、ほめるのも上手で「すごいぞ太一！」と抱き上げてほめちぎるのです。

年子のお姉ちゃんもフラッシュカードをやってくれました。大人のように早くはできないけれど、太一はお姉ちゃんが大好きなので喜んで見ていました。それで自分も見よう見まねでやるのです。言葉もお姉ちゃんの使う言葉を覚えるし、いい刺激になっています。


始めて2週間で「変わったなぁ」と効果を実感するようになりました。言葉がどんどん出てきて、自分のやりたいことをしっかり言えるようになってきたのです。それまで、たとえば飲み物が飲みたいときは冷蔵庫の前に行って何となく飲みたそうにしていたのですが、ちゃんと「お茶が飲みたい」と言えるようになりました。ほかにも

「〇〇が食べたい」「テレビを見たい」と、どんどん意思表示ができるようになりました。表情が豊かになって、よく笑うようにもなりました。コミュニケーションが苦手ですが、人のことは好きで、本当はコミュニケーションをとりたい気持ちがあったことがわかりました。

2カ月もすると、「今日は幼稚園でお遊戯をしたよ」「〇〇ちゃんが休んだ」などと、幼稚園の様子を報告してくれるようになりました。これももちろん今まではなかったことです。それまでは「今日は幼稚園で何したの？」と聞いてもほとんど反応がなく、「〇〇したんでしょう？」とこちらが問いかけると、やっとうなずくという程度でした。

言葉が出るようになると同時に、親に反抗するようにもなりました。前は「〇〇してね」と親が言ったことに「うんうん」とうなずくばかりだったのが、はっきりと「いやだ」と言うようになったのです。「今はこれをやっているからやりたくない」などと説明もできるようになりました。

2カ月を過ぎると、体つきがしっかりしてきました。太ったということではなく、ＥＳ協会のセミナーで井上先生から指導された脊髄マッサージのおかげか、体の軸がしっかりしてきて、たくましくなってきたのです。顔つきもしっかりしてきたように思います。

鈴木先生の本を勧めてくれた母も「すごくしゃべれるようになったね」と喜んでくれました。

●支援学級を勧められて

年長になって小学校への入学準備が始まりましたが、教育委員会の検査結果は「特別支援学級を勧める」というものでした。この時点ではかなり言葉も出るようになっていたし、座っていられないなどの問題行動もありませんでした。ただ少し落ち着きがないのと、やはり3歳児健診のことが関係しているのかなと思いました。

それでも、そのときはすでに改善が始まっていたので聞き流す余裕があったし、鈴木先生が「絶対に普通学級で大丈夫」と強く勧めてくださったので、普通学級を希望しました。

うちは田舎で小学校も幼稚園の仲間がそのまま上がるし、みんなと一緒に通わせてあげたかったのです。勉強も普通学級に入れる方が、刺激があってよいと思いました。

それで、1月から3月は学校や教育委員会とやりとりしました。最終的に決めるのは親であっても、「お母さん、支援学級のほうが太一くんのためです」などと言われてしまうのです。

私は気持ちが揺れることもありましたが、主人が「絶対に普通学級に行かせる」と揺るがず、太一本人も「幼稚園のお友達と一緒がいい」と言うので、それに力を得て主張を通しました。

●学校が楽しくて仕方ない！

晴れて小学校へ入学し、毎日とても楽しく通っています。うちはお姉ちゃんもそうなのですが、学校が大好きで、少々体調が悪くても休みたくないと言います。お友達もいっぱいいて、放課後は毎日、約束をしてこない日がないぐらい。お友達の家に行ったり、うちに呼んできたりして目いっぱい遊んでいます。

太一には心根の優しいところがあって、たとえば泣いている子がいたら、そばに行って慰めたり、介抱をしてあげたりするのです。そういう気持ちをいつまでも持ち続けてほしいと思います。

本人は「僕は勉強も好き」と言いますが、担任の先生がおっしゃるには皆についていけない部分もあるそうです。ただ、それは当たり前のことで、今は遅れていてもいずれ追いつけばいいと思っています。実際に本人も、学校で習ったときはできなくても、あとから家でやっているうちにパッとスイッチが入ることがあるのです。それで一度わかってしまえば大丈夫なので、そうやって一歩一歩進んでいければよいと思います。

家では予習をしっかりやるように心がけています。学校でどんな勉強をするか、あらかじめやっておくと安心するみたいです。もちろん完璧にはできていませんが、私もなるべく時間を取ってやるようにしています。

漢字を覚えることがとくに好きなようで、1年生のときは、国語のテストは0点、よくても20点だったのですが、学年末には50点前後取れるようになりました。2年生にあがってすぐに「100点を取るぞ!」と意欲を見せ始め、2学期、ついに100点を取ったのです。その後4回連続で、100点満点を続けました。

EEメソッドを始めて、本当に太一は大きく成長しました。

問題のある子は、その分伸びしろがたくさんあるということ。愛情を注げばその分伸びるのです。とにかく親が諦めずに続ければ、必ずいい結果が出ます。

2歳で判定不能だったIQが4歳で109に

谷川美奈子さん＆息子清治くん（仮名・EEメソッド開始時＝2歳7カ月）

●1歳8カ月で発達障害の症状が顕著に

清治の様子がちょっとほかの子とは違うな、と思ったのは1歳児のときです。言葉も出ないし、とにかく多動気味でした。保育園でもとにかく走り回ったりウロウロしたりしていてじっとしていない、何かやらせてみても、やろうともしなかったり、やってみてもできない、という具合でした。

もし発達障害があるのなら早めに診断してほしいと思っていたのですが、小児科の先生は「まだこの段階でははっきりしない。2歳を過ぎたら変わるかもしれない」と言われていました。

ところが、1歳8カ月頃、頭を傾けて見る「斜め見」の動きが始まり、回るものをずっと見ていたり、呼んでも振り向かなくなったりするようになったのです。小児科の先生も発達障害の可能性があると言うようになりました。それまでの検査では問題がなかったのですが、2歳3カ月頃に、医療センターの先生から発達障害との診断がおりました。

保育園に通っていましたし、運動面でもあまり心配はなかったのですが、足が地面から離れるものやバランスが崩れるものは苦手でした。地面に立ってぴょんぴょん跳ねることはできるのに、トランポリンはできなかったし、もっと小さい頃は、高い高いも嫌がっていました。

スロープなどで壁に自分の姿が斜めに映っていると何回も斜め見をしていました。回るものもすごく好きで、タイヤをずっと見ていたり、回るものに触ってみたりと、こだわりを示す面もありました。言葉は出るのが遅く、まったくしゃべらないわけではありませんでしたが、自分からしゃべることがありませんでした。

言葉が出なかったので、とにかくたくさん言葉に触れさせようと、絵本を読んだり、いろいろなものに触れさせてみたり、1時間ほど散歩に出かけてものの名前を教えてみたりしました。ところが、本人はまったく反応を示さないのです。聞いているのかどうかもよくわかりませんでした。動物園へ連れて行ってみても、動物には興味を示さずに、軽トラックのタイヤをずっと見ていることもありました。とにかく一所懸命話しかけたのですが、効果がないのです。

そんなとき、私の母から鈴木先生の本を勧められました。私も主人も半信半疑でしたが、母と話して、まずはやってみようと面談を受けてみたのです。主人と一緒に出かけ、セミナーでほかのお母さん方と話をして、改善前後の動画を見せていただきました。明らかに様子が変わってくるので、主人と二人で「こう変化があるとはすごいな」と話して、うちの子にも「少しは変化があるかも」と希望が生まれました。

1カ月で〝斜め見行動〟が止まり、三語文まで出るように

本を読んだ段階ですでに食べるものは気をつけるようにしていました。しかし、医師の診断がないと保育園で小麦・牛乳をやめさせるのは難しいので、EEメソッドに取り組み始めてからは病院でお願いして診断書を書いてもらいました。牛乳をやめて食事の改善を行ない、フラッシュカードも同時に始めたところ、1カ月で斜め見行動

がピタリと止まったことには本当に驚きました。

また、清治は寝付きもよくないし、夜中にいつも起きて1~3時間くらい寝つかないことがほぼ毎日のようにあったのです。それが、EEメソッドを始めてからは、一度夜間に目を覚ましてもほぼ100%、すぐにまた眠るようになりました。主人と一緒に、「すごい、やる意味があった」と喜びました。


フラッシュカードもすぐに始めましたが、最初はなかなか見てくれなくて大変でした。興味のある車などのカードは見るけれど、ほかのカードは見てくれないのです。車を混ぜて気をひきましたが、車のカードしか見てくれません。それだけでなく、ずっと動いているのでカードを持って清治を追いかけてみたり、ぐるぐる回ってみたりもしました。

ちゃんとカード自体を見てくれるようになるまでは、半年くらいかかりました。けれども、フラッシュカードを始めて1~2カ月経った頃には一気に言葉を話すようになりました。「お父さん」「お母さん」がちゃんと言えるようになったときは、とくにうれしかったです。

フラッシュカードを始めて1カ月くらいの2歳8カ月の頃、まず「お母さん」と言えるようになり、2カ月後には「お父さん」も言えるようになりました。それからは、二語文が言えるようになって、それはもうびっくり。主人と「今すごくいっぱい言葉を話したよね？」と喜び合いました。

「話しかけるときは四～五語文で」という電話アドバイスを得て、私たち親だけでなく、祖父母にも気をつけてもらうようにしたところ、三語文まで出るようになりました。今までは、何をどう言えばいいのか言葉がわからなかったのかもしれません。

●フラッシュカードで指示も理解できるように

最初はなかなか見てくれなくて苦労したフラッシュカードですが、眠いときがあっても毎日やり続けたところ、3歳近くになると、寝っころがったり座ったりして、集中してカードを見てくれるようになりました。それからは「フラッシュカードは？」「やって寝よう」と自分から言い出すようにもなりました。

フラッシュカードをやることによって、いろいろなことを覚えているんだろうな、と感じます。多動も、始める前と比べてずいぶん落ち着いてきました。

言葉だけで理解できないこと、たとえば「これから車に乗って〇〇へ行くよ」ということを伝えるときは、カードを使って視覚から伝えると理解できます。3歳半を過ぎた頃からは、カードなしでも口頭で伝えるだけで理解してくれるようになり、保育園で言われたことも、ちゃんとわかるようになりました。まだ、一つひとつ言ってあげなければわからないことも多いですが、その場の様子を理解することもできるようになってきました。ですから、

「今日〇〇くん、風邪（をひいたからお休み）やったんやと。大丈夫かな」

などと保育園の出来事を話し、お友達のことを心配するようにもなりました。

椅子にずっと座っていられるようになったときも感動しました。ＥＥメソッドを始めて1、2カ月くらいの頃です。それまでは、保育園でも清治だけ椅子に座らず床に座ったりしていたのですが、さらに3カ月経って2歳の卒園式の頃までには完全に座っていられるようになったのです。卒園式に出てもじっと座っていることができました。家でも、食事中にウロウロ歩き回ったりせずに、ごはんを食べられるようになりました。

本当に、ＥＥメソッドをやり始めてから結果が出るようになるまでが早くて、急にいろいろなことができるようになったのです。その変化が大きかったことを今でも思い出します。

●多動が控えめになり、ピアノの発表会では連弾も

多動のようなところはまだありますが、病院で走ったりするようなことはしなくなりました。以前はスーパーに買い物に出かけても、運動会のように走り回る清治を追いかけ回すような状態だったのが、手をつないだりカートに乗ったりして、落ち着いて買い物できるようになったのです。

外食なんて、いつになってもできないのでは、と諦めていましたが、ほかの人と一緒にごはんを食べるときも落ち着いて座っていられます。偏食気味だった食べ物の好き嫌いがなくなり、除去食は何でも食べられるようになりました。

習っているピアノの発表会では、一人でステージに立って演奏できるようになりました。前日のリハーサルでは最初すごく緊張していたものの、同世代の子が多かったこともあり、慣れさせたら当日は連弾も上手にできました。親が心配している以上に、

いろいろなことができるようになり始めているのかもしれません。もう、ほかの子と団体活動ができるようになりましたし、今の状況なら、小学校でも普通学級に行けると先生にも言われています。まだ気が散りやすいのですが、我慢できるようになるかもしれない、という気持ちになっています。

●自分から絵を描くようになる

今は、家族皆でEEメソッドの実践に協力しています。主人は平日、子どもたちが寝る頃に帰宅するので、土日のお休みに子どもたちと遊びながら図形の空間認識やフラッシュカードをやってくれています。

清治の2歳年下の妹も、お兄ちゃんがやっていると寄ってきて隣に座り、一緒にフラッシュカードをやるときもあります。清治に集中してカードなどをやらせたいときは妹の遊びで気が散らないように、祖父母（私の両親）が妹を連れて出かけてくれるときもあります。

祖母は食事の小麦、乳製品の完全除去やフラッシュカードも一緒にやってくれますし、清治が歩きたいときには祖父がずっと散歩に連れて行ってくれます。そして毎回、

「これが言えるようになったよ」「初めて犬と猫を分けて言ったよ」「おばあちゃん、お水ちょうだいって言ったよ」「三輪車に乗れるようになったよ」と、いろいろなことを報告してくれます。

清治が座っていろいろなことをできるようになったので、最近は二人で座ってお絵描きをしていることもあります。以前は絵があまり得意ではなかったのが、自分から「お母さんを描く」と言って、自分から描くようになるなんて。少しずついろいろなことができるようになっていると感じます。

人の顔を描いても3歳頃までは目と鼻の認識がなくて、◯を描いて終わりだったのが、今は顔だけでなく手足まで描くようになりました。なぐり描きだったのが、人らしきものを描くようになり、そこには身の回りの人もいるようです。お友達の個別の認識もできるようになったのだろうと思います。また、どこかへ出かけたときのことや、カニや魚などの生き物を描くこともできるようになりました。

4歳になってからは、とても落ち着いてきたと保育士さんにも言われるようになりました。すごく成長したと思います。

私たち親がイライラすることも少なくなりました。「なんでこんなにできないんだろう」と思うことが少なくなったんです。ＥＥＳ協会に出合わなかったら今頃はまだ、しゃべっていないかもしれない。ほんとうによかったと思う反面、そうでなかったらと思うと恐ろしいようにも思います。

推定ＩＱ40～50だったのが１０９にまで伸びた！

４歳になって知能テストを受けたところ、ＩＱが１０９と判定されました。２歳のときは先生の言うことが聞けないし座っていられないので、検査そのものができなくて判定不能。おそらく40～50ほどで発達障害は間違いないでしょうと言われました。３歳のときの結果は80で、発達障害かどうかはグレーゾーンだということでした。

それが「ＩＱ１０９であれば、普通の子かそれ以上に知能指数はあるので、もう知的に問題はないです」と言われたのです。テストによっては誤差があるとは言われたので、余裕を感じていてはいけないと思いましたが、それにしても伸びすぎていてびっくりしました。ひとまず、すごく伸びたことはとても心強いことです。これからも気を抜くことなく、続けていきたいと考えています。

ここまでくるには、ＥＥＳ協会の発達検査表がとても役に立ち、支えにもなりました。うちでやったことがないことも、発達検査表を目安にして、どんどん挑戦して、「これができている、できてない」と判断できたことがとても参考になったのです。

この年齢ではこういうことができるといいんだな、ということがよくわかり、やっていないことは親が意識して、普段の生活の中に取り入れてやらせてみなければいけないのだと実感しました。発達検査表は壁に貼っておき、いつも見ながら実践しています。振り返りもしやすくなりました。

現在4歳半。保育園ではどうしても自分の好きなことをやりたがるので、気持ちを切り替えられるよう先生方も意識して教えてくださっています。ほかの子がほかのことをやりたいと言ったときに腹を立てるのではなく、気持ちを切り替えることや気持ちを伝え合うことの大切さなどを先生が教えてくれています。家庭でも、言い聞かせたり、「暗示」を毎日お風呂と入浴前にやって、少しずつ身につけさせています。

また、以前は体調を崩しやすく、すぐに熱を出したり風邪をひいたりしていたのが、3歳を境にとても健康になりました。便秘がちだったのも改善し、オムツやおまるではなくトイレで自分でできるようになりました。今ではお通じも安定しています。

これからは、小学校入学を前に、団体行動がどれだけできるかという挑戦が始まります。小学校と保育園とでは環境が変わるので、まだ不安はありますが、これからもＥＥＳ協会のアドバイスをいただきながら対処できると思うと、心強いです。

1年生で20点以下だったテストが2年生には90点に！

井上晴子さん＆娘・昌子ちゃん（仮名・ＥＥメソッド開始時＝6歳11カ月）

●発達全般の遅れとこだわりの強さが気になっていた

昌子はほかの子に比べて言葉が遅かったのですが、発達全般の遅れも気になるようになったのは2歳になった頃からです。また、こだわりが強くて、たとえばいつも同じ道しか通りたがらない、他の道を通ろうとすると泣き叫ぶといったことがありました。

4歳のとき、インフルエンザで入院した総合病院で、担当の小児科の先生から療育を勧められました。しかし療育センターでは発達の遅れを指摘されたものの、具体的な指導はなく、「幼稚園よりは保育園のほうがいいでしょう」「小学校は特別支援学級のほうがいいでしょう」と言われただけでした。

これでは具体的な指導を望めないと感じ、通う意味はないと判断しました。保育園ではなく幼稚園に入れ、小学校も校長先生と相談し、普通学級へ入りました。

昌子はひらがな・カタカナも書けて、多動もなく、授業の50分間椅子に座っていることもできたからです。性格はおとなしくて、お友達とトラブルになることもありませんでした。

けれども、担任の先生から「（自閉症児によく見られる）クレーン現象がある」という連絡がありました。

うちの子は言語面が弱く、その頃はまだ会話が成立しない状態でした。三語文や四語文は出ていても、こちらからの質問に対しては、的確に答えられないのです。先生がお話しされた言葉が理解できないときは、先生の手を握って自分に引き寄せるクレーン現象がみられる、というのです。

●知能テストの結果は51で特別支援学級を示唆される

1年生の1学期の時点で担任の先生から「知能テストを受けてください」と言われ

て受けると、IQは51でした。支援級の目安は70以下ということなので、2年生に進級する時点で移ることを示唆されました。このままではいけないと思い、改善の手段を求めて、真剣に情報を集めるようになりました。

「発達障害」でインターネット検索したところ、EES協会のサイトに行き着き、迷わず飛びつきました。疑いはまったくありませんでした。それよりも、とにかく改善のための手段がほしかったんです。すぐに親子面談を申し込みました。

印象的だったのは、フラッシュカードです。昌子があまりにもスラスラと正解のカードを当ててしまったので、ビックリしてしまいました。同時に期待が高まりました。

4カ月後、突然マンガの音読を始めた

最初の4カ月は目立った変化は見られませんでした。確かに2カ月目に入ってからは言葉の数が増えたなとは思っていましたが、会話が成り立たないことに変わりなく、私の質問に対して、的確な答えが返ってくることはありません。

フラッシュカードは嫌がらなかったので、毎日40〜50枚やっていました。正直に言えば、毎日行なうのはきつかったのですが、1日でも欠かすことがもったいない気持

ちだったのです。とにかく必死でした。ある程度インプットできたかなと思うと、「〇〇はどっち？」と聞いて確認作業もしました。たいていの場合、8～9割は正解できるようになっていました。

ただ、劇的な改善例があるという話も聞いていたので、焦りもありました。「方法が間違っているんじゃないか」「改善させるより、ありのままのこの子を受け入れたほうがいいのでは」と弱気になることも正直ありました。

それでも、途中でやめてはいけないと気持ちを切り替えて、「あと1カ月がんばってみよう」と考えました。

4カ月経った頃です。それまで黙って読んでいたマンガのセリフを、ある日声を出して読むようになったのです。すぐに、音読が脳にいいことを思い出し、それからは本を用意して毎日音読させることにしました。

同じ頃から字を書く筆圧が強くなってきて、しっかりと上手な字も書けるようになってきたのです。1学期と2学期では別人の字のようでした。

●20点以下から50点へと成績がどんどんアップ

1年生の頃は、テストの成績はほとんどが20点以下。0点もありました。ところが音読を始めた3学期に、算数のテストで50点を取ることができたのです。私もとてもうれしくて、娘をたくさんほめました。記憶力がしっかりついたという印象があります。

フラッシュカードと「脳の体質改善」を始めてから、文字が目に見えてしっかりしてきましたし、音読を始めてからはどんどん学力が伸びた感じがします。漢字や暗記ものについては、書いて覚えさせるようにしていました。

テストでいい点数を取れるようになると、ますます自信をもって学校へ行けるようになりました。負けず嫌いなところがあるので、できないということは本当に辛かったのだと思います。勉強ができるようになったことで、授業に関しても自信がついてきたようでした。

2年生になると80～90点を取るように

2年生に進級する際、担任の先生からも「最近はできることが増えているので、普通学級のままで大丈夫でしょう」と太鼓判を押されました。ほとんどのテストで、80～90点を取れるようにもなったのです。漢字もしっかり書けます。

1年生のIQテストの結果からすると、驚くような変化です。

通知表の成績もずいぶん変わったんです。「よくできる」「できる」「がんばろう」の3段階評価で、「がんばろう」が無くなったんです。1年生の頃は半分くらいが「がんばろう」だったのに……。また、図工で「よくできる」をもらい、ほかも全部「できる」です。

先生からも、「すごく変わった、明らかに違います」と言われています。2年生の夏に再度知能テストを受けたところ、動作の面は65から89まで上がりました。

今は、会話をもっとスムースにできるようにするため、プレイセラピー（遊戯療法）を受けています。臨床心理士さんが、グループ学習で遊びを通じて発語を促すような指導です。夏休みの1カ月間受けたところ、以前よりも会話をしたがるようになりました。それまでは、お友達が話しかけてくれてもなかなか会話が続かないので気後れしてしまうのか、消極的だったのです。

負けず嫌いで勉強でわからない点があると辛くて泣いてしまうような子でしたから、私も必死に家庭で予習、復習をさせていました。今は学校から帰宅して1時間学習しています。

2年生になって授業時間が長くなり、少し疲れている様子も見られますが、コツコツ継続して取り組むことにしています。算数は教科書の問題を3回ほど繰り返し解かせています。国語の漢字は書いて覚えさせ、文章問題の読解は一緒に声を出して読み上げ、意味がわからないところは絵を描いて説明してから繰り返し問題を解かせています。やはり、諦めずに続けることがいちばんですね。

「あと1カ月だけがんばろう」と思いながらやってきて、1年経った今は、「やはりあのとき諦めなくてよかった」と思っています。

体も本当に丈夫になりました。改めて食事と栄養の大切さも実感しています。小さいときは偏食で好きなものしか食べませんでしたが、今は偏食も治っていろいろと食べられるようになりました。

小麦粉と牛乳をやめることについては、最初は悩んでいたのですが、なかなか発達障害の改善が認められないので、牛乳はすっぱりとやめました。学校給食で小麦粉をやめるのは大変だったので、せめて家ではパンを食べないようにしました。体が丈夫になると、知能面や勉強の面でもがんばってくれるようになったと実感しています。

最近では、簡単な質問にも応えられるようになり、学校での出来事などは、自分からは積極的に話さないものの、「休み時間には何をしたの？」「給食は何を食べたの？」と聞くと答えてくれるようになりました。

今、私と同じ気持ちでがんばっていらっしゃるお母さんには、私のような親でも結果を出せたのですから、それを励みにしていただければと思っています。

顔の表情もダウン症とわからないくらい変わりました

橋本琴栄さん＆娘・愛乃ちゃん（仮名・ＥＥメソッド開始時＝1歳9カ月）

●出生後、ダウン症と診断

愛乃は、妊娠したときから出産まで特に問題なく元気に生まれてきました。しかし、出産4時間後、酸素吸入がないと呼吸できない状態になり、肺高血圧症と黄疸が出て、緊急入院しました。さらに入院数日後、「ダウン症の可能性がある」とのことで検査を受けました。結果が出るまで約2週間かかったと思います。

「ダウン症」の可能性を指摘されたときは何かの間違いではと思いましたが、実際に診断名をつけられてとても驚きました。幸い、ダウン症特有の心臓疾患などの合併症はなく、身体面では特に問題がありませんでしたが、中耳炎や甲状腺の病気になりやすいことを注意されました。

私たちは共働きですので、出産前から保育園で0歳児保育をお願いしていました。ダウン症でも大丈夫と言ってもらい、保育園にも入ることができました。

ダウン症は健常の子に比べると発育が遅く、ハイハイ、首の座り、寝返り、歩き始め、言葉の出始めと、すべてがゆっくりでしたが、特に気になるということはありませんでした。自分の好きな服や靴へのこだわりや頑固さはあって、自分の好きなことを中断されると怒るといったことが気になる程度でした。

歩き始めたのは3歳の頃で、数歩歩いては座るという具合でした。保育園の年少になると、乳児の頃には目立たなかった成長の遅れが、だんだん目立つようになり、他の子に比べて差を感じるようになりました。

●発達検査表の項目がどんどんできるように

愛乃が1歳になったころ、ＥＥＳ協会のことを知りました。

「ダウン症でもちゃんと親が指導してあげれば伸びるのだ」

ということを知り、自分でカードを買って見よう見まねでやってみました。親子面談は2歳になる前に受けましたが、鈴木先生がフラッシュカードをやってくださると、たくさんのドッツ（点）が並んだカードを見て正しく答えるので、びっくりしました。そのとき鈴木先生が言ってくださったのです。

「この子は大学まで行けますよ」

第三者の先生からそう言っていただけて愛乃の未来にあらためて希望をもてたのを覚えています。

早速EEメソッドの取り組みを始めると、（EEメソッド独自の）「発達検査表」の項目でできることがどんどん増えていきました。5歳3カ月のときには、社会面では同じ月齢の子の6割のことができるようになりましたし、知覚面でもどんどん成長してきていることがわかりました。顔の表情も驚くほど変わり、一見してダウン症の子とわからないくらいです。

●確実な成長を感じる現在

取り組みを始めた当初と比べ、5歳4カ月となった今は、行動や発語の面でも確実な成長を感じます。言語面では、三語文が出て、自分の思いや感情を説明できるようになってきています。

保育園では給食の配膳作業などを通じて「グループ」という言葉を覚えたようです。「お父さんとお母さんと私はグループね」と言ったりします。また、食事の時間に「お父さん、ご飯食べるよ」と呼びに行ってくれたり、日々成長を感じています。

それでもまだ言葉がおぼつかない面もありますが、こちらが言うことは理解していて、指示も通ります。

「歩けるようになります」「しゃべれるようになります」「トイレでうんちができるようになります」など、「暗示」の言葉もたくさんかけています。

家ではプリント学習もやっていて、ひらがなや数字などの学習もしています。加えて、今は3カ月に一度、鈴木先生の個人レッスンに通っていますが、行くたびにいつも成長しているように感じます。レッスンを受けて帰ってくると、よくおしゃべりもします。

鈴木先生の個人レッスンでは、以前はじっと座っているのも難しかったのが、徐々に座っていられる時間が長くなってきて、きちんと座ってレッスンを受けられるようになりました。先生が気絶するほどほめてくださるので、愛乃にとっても大きな自信につながっていると思います。

ダウン症と診断名がついたときは漠然とした不安を感じていました。しかし、鈴木先生が親子面談で「この子は表情がいい」「笑顔がいい」とほめてくださったことが希望の灯りとなりました。

●取り組めば取り組んだ分だけ成長する！

今後、小学校への進学を控えていますが、普通学級に通わせたいと思っています。将来は大学やその先の大学院まで進み、社会の役に立つ人間になってほしいと願っています。これまでも保育園で、支援の先生方のサポートを受けながら、健常のお友達と一緒に過ごしてきましたから。

療育の先生方は、ダウン症では「できない」「成長しない」という前提で話をしてくるので、あぜんとすることも多いのですが、ＥＥＳ協会のことを知らないと、一般常識的な考えで親御さんもマイナス思考になりがちかもしれません。

しかし、ダウン症のお子さんをおもちの親御さんには、「改善指導に取り組めば取り組んだ分だけ、お子さんは成長する」とお伝えしたいです。特に、発達障害のなかでもダウン症は診断がつくのが早いですし、早い時期に取り組めば改善も早いと思います。子どもの可能性を信じ抜く親の意識が、子どもの成長に大きく影響することを実感しています。

2

子どもの天才性を引き出す奇跡のEEメソッド

短期間で劇的改善を示す「エジソン・アインシュタインメソッド」

「子どもの脳にいいこと」シリーズの一冊目が出版されたのが２００９年のこと。それから本書が刊行されるまで、７年余りの月日が流れました。

この間私は、「エジソン・アインシュタインメソッド（以下、ＥＥメソッド）」の充実とその普及に努めてきました。それとともに、発達障害児を抱えて途方にくれている親御さんに対し、「あなたのお子さんはエジソンやアインシュタインと同じ天才の卵です。絶対に諦めないでください」と熱く語り、親御さん自身がＥＥメソッドを学び、家庭で楽しく実践できるようお手伝いしてきました。

というのも、本メソッドでは家庭でのお母さんによるトレーニングを非常に大切にしているからです。お母さんは受胎とともに子どもさんと〝一心同体〟のつながりをお腹の中からスタートします。十月十日《とつきとおか》の妊娠を経て出産、その後も授乳に始まり、四六時中目を離さずに育児に専念します。関わる時間を考えても、物理的な距離を考えても、子どもといちばん密接な関係にあるのは、まちがいなくお母さんなのです。

後で理由を詳しくお話ししますが、そうしたお母さんと子どものコミュニケーションを改善することが本メソッドの重要な取り組みの一つなのです。

発達障害のある子どもたちに共通した特徴の一つが、周囲からの刺激にきわめて敏感であることです。そんな子どもたちにもっとも適しているのは、お母さんの愛情あふれる働きかけです。それがもっとも効果的に力を発揮するよう確立された「脳にいい」スーパーメソッドこそＥＥメソッドなのです。これを実践さえすれば、子どもたちはグングン伸びていきます。その結果、発達障害と診断された多くの子どもたちが、短期間で劇的な変化を遂げているのです。

発達障害というのは、先にお話ししたように、周囲からの刺激に脳が敏感に反応し、感情をコントロールできなくなってパニックに陥ることであると考えられます。

人間の脳は左右でまったく違う働きをすることは知られています。一般に左脳は言語、概念、論理的思考などをつかさどります。一方、右脳はイメージ、絵画、図形、空間パターン（形態）認識、音楽、直感（ひらめき）、感情などをコントロールしていると言われています。

とくに右脳は見たまま、聞いたまま、感じたままを認識し、それを潜在意識に記憶させます。イメージしたこと、直感したことを瞬間的に記憶することも得意です。そのように記憶の倉庫である潜在意識の許容量は、左脳の比ではありません。

一方、左脳は言語と理論でじっくり考えたり、計算したり、それらを記憶する機能をもちます。学校で国語や算数を考えながら学ぶときは、主にこの左脳が機能しています。

普通、私たち現代人の脳は左脳が優位になりがちですが、人間として成長するには基本的に左脳と右脳がバランスよく働くことが重要なのです。

ところが発達障害児の最大の課題は、右脳がかなり優位になっていて、左脳が十分に発達・機能していないことにあると考えられます。

奇声を上げる、落ち着いて座っていられない、目が合わない、言葉が遅れるなど、発達障害のある子どもに現れる反応はすべて、右脳が敏感すぎて右脳と左脳のバランスがとれないために起こっていると言っていいでしょう。たとえば、音に対する感覚が研ぎ澄まされているため、普通の子だったら気にも留めない音にも反応してしまい、それがストレスとなるのです。

だから声をかけられても、焦点を合わせられず、あっちのほうを向いているのです。

これは裏を返せば、右脳が高機能すぎるためともいえるでしょう。右脳が高機能、高性能のため、ふつうの子どもなら反応しないようなわずかな右脳への刺激にも豊かに反応できる。発達障害児はそうした点ではすぐれた能力をもっているととらえることもできるのです。

このことこそが、私が「発達障害児は天才性を秘めている」と言い切る最大の理由です。これを効果的に活かすことができれば、あとは教育次第でいくらでも潜在している天才性を引き出し伸ばすことができるのです。

早い子の場合は、ＥＥメソッドのトレーニングに取り組み始めて1週間も経たないうちに、日常生活での反応が変わってきます。毎日のようにできることが増えていき、話す言葉も会話での反応も変わってきたと、多くのお母さんが手応えを感じられます。動作のペースがゆっくりした子でも、４カ月もすると目に見えた効果が現れてきます。

そのいちばんの理由は、４カ月で体質が改善されてくるからです。後述しますが、ＥＥメソッドでは脳の神経回路の形成を促すために〝脳の体質改善〟を行ないます。それによって脳の働きが変わってきます。それが確実に認められる目安が4カ月なのです。実際にはトレーニング開始後1~2カ月までに改善が見られるケースが半数以上ですが、たとえ最初の3カ月くらいまで変化が見られなくても、4カ月経過したころには突然、飛躍的な改善を見せるケースもけっこうあります。

就学前にEEメソッドに取り組み始めた子どもの場合は、かなりの割合で小学校の普通学級に進学できています。このメソッドとの出合いが遅く、小学校の入学時に支援学級に入った子どもでも、ご両親が諦めずに家庭で継続的にEEメソッドを実践していると、多動や自閉、言葉の遅れが改善してきます。

その結果、基礎能力が急速に高まり、2年生あるいは3年生に進級するときに普通学級に移籍する子がドンドン増えています。

しかも、そうして普通学級で学ぶようになった子どもたちの中から、100点満点を取ってくる子どもたちが次々と現れてきているのです。

私はこれまでに5000家族以上の相談指導を重ねてきました。そのうち、実際に

EEメソッドに取り組み、明らかな改善が認められた事例数は2000件以上に上ります。

この改善実績数は、現時点においてはおそらく世界最多のレベルではないかと自負しています。そのこともあってか、最近では海外から専門家養成講座「エジソン・アインシュタインカレッジ」に学びに来る方も増えています。

「エジソン・アインシュタインメソッド」はどのように生まれたか？

発達障害児については、これまでも画期的な指導法が提唱・実践されてきました。特に有名なのが、アメリカのグレン・ドーマン博士が提唱した「ドーマン法」です。「ドーマン法」では従来の常識を覆し、脳障害を原因とする身体障害が劇的に改善したのです。

落馬して重度の脳挫傷を負い「再起不能」と言われた福永洋一騎手が、ドーマン法で身体機能を回復したのは有名な話です。そして、ドーマン法ではそのメソッドを発達障害児の改善にも応用し、驚くべき成果を挙げてきました。

日本では、右脳教育を全国的に広められた七田眞先生がいます。七田先生の開発した「七田式教育」では、左脳の発達している健常児の右脳を刺激して活性化させ、左脳と右脳を高いレベルでバランスよく働かせるのです。これによって、優秀児がたくさん輩出されました。実を言うと私自身も、この「七田式教育」を通して幼児教育に関わるようになったのです。

しかし、中度から重度の発達障害児を指導する場合、これらの手法では、過剰に反応しやすく限界がありました。

ドーマン法の場合は、体を刺激して脳の活性化を目指すため、複数の大人の手が必要でした。決められたプロセスを1日に何時間もかけて実践するため、親にとっては、たくさんの時間と大量のエネルギーが必要で負担がかなり大きくなります。何よりも、子どもにストレスを強く感じさせる手法だったのです。

発達障害児は一般に、理性脳といわれる左脳の働きの向上が普通より遅いため、その分、感情脳といわれる右脳を使って生きています。そのため、右脳の働きが優位になってしまいます。結果として、感覚面の反応が過剰に敏感になり、左脳と右脳のバランスが非常に悪くなっています。そのために、ふつうの子どもよりもずっとストレスを感じやすく、パニックを起こしやすいのです。人一倍トラブルを起こしやすいのもそのためです。

子どもに強いストレスがかかるのは、七田式教育でも同様です。基本的な指導対象は健常児で、その右脳を刺激しますが、この場合、左脳がふつうに発達していることが前提になっています。しかし、これでは、発達障害児のように左脳に比べて右脳が極端に優位になっている子どもたちはストレスを強く感じやすく、かえってマイナスになります。

敏感な右脳を左脳の育成に活用する

では、どうすればいいのでしょうか。

私は、はじめから左脳に働きかけるのではなく、まず反応の良い右脳に働きかけ、次に発達が遅れている左脳に連動させることで右脳と左脳をバランスよく機能させる手法を考案しました。こうすることで、何より敏感な右脳にストレスをかけずに取り組めるのです。それが、ＥＥメソッドが他のメソッドともっとも異なる点です。

敏感な右脳とは、高性能のマイクのようなものです。性能がよいために、周りのノイズまで拾ってしまいます。このノイズが多ければ多いほど、聞き取りたい音声（＝必要な情報）を聞き取りにくくなります。必要な音声に集中しづらくなるのです。つまり、このノイズがストレスの正体というわけです。

右脳が極端に敏感な状態にあると、小さなことにも過剰に反応しやすくパニックを起こしやすいし脳が疲れやすいというのは、こうした理由によります。

発達障害のある子どもの右脳はまさしくこうした状態にあります。その脳に必要な情報だけを送り込むにはどうしたらよいのでしょうか。それには、ノイズを拾えないほど高速で情報をインプットするのがもっとも効果的なのです。高速道路を車で走っていると、標識や周囲の車は目に入りますが、周りの些細な景色などはよく見えません。高速学習には、これと同じ効果があります。

相手が子どもだと思ってスローペースのインプット学習を行なうと、敏感な子どもにとってはかえってストレスになります。高速で行なうと集中力が高まり、脳は必要な情報だけキャッチできるので疲れません。この方法は、大脳生理学にのっとった、きわめて効果的な教育方法なのです。

私は、七田先生の「フラッシュカード」をヒントに超高速楽（学）習法を考案しました。私が用いるＥＥメソッドのためのフラッシュカードは、表面に絵とその名称を示すひらがな、カタカナ、漢字、英語が併記されています。そして、このカードを超高速でめくりながら、読み上げていきます。

「超高速楽（学）習法」で用いるフラッシュカード

なぜ、絵だけではなく漢字や英語まで記す必要があるのでしょうか？

実は、子どもにとってはひらがなやカタカナよりも、漢字のほうが覚えやすいのです。なぜなら、ひらがなやカタカナは表音文字ですが、漢字は象形文字で表意文字だからです。右脳が発達した子どもは、絵を覚えるように漢字を覚えられるのです。

しかし、実際に幼少期から子どもたちが接する絵本は絵とひらがなで成り立っています。ですから、ひらがなを教えなければ子どもは絵本を読むことができません。そこで、このフラッシュカードでは、絵とひらがな、カタカナ、漢字、英単語をセットにして表示してあります。これによって、文字と映像を一体として、まず右脳にイン

「超高速楽(学)習法」で用いているフラッシュカード

プットし、それを左脳に連動させていくことができるのです。

このカードを超高速でめくりながら、超高速で読み上げていきます。それは、視覚と同時に聴覚を使ったアプローチを超高速で行なうことで、右脳と左脳がノイズなしに見たものと聞いたものを一致させて認識できるからです。

私はある程度の発達レベルに達した子どもには、元素記号も覚えさせていますが、子どもたちはおもしろいようにドンドン覚えていきます。自然に頭に入っていくのでストレスになりません。そして左脳の発達が追いついてきたら、そこではじめて理屈を教えます。こうすると、化学が得意な子になるのです。

元素記号にもアルファベットや数字を用いていますが、子どもはパターンで覚えているので、英単語と混同する心配もありません。

そんなカードが手元にないから、絵だけ表面に描かれたカードを使い、絵の説明は話すだけでもいいのではと考える方がいます。ところが、絵だけが表面に書かれたカードを読み上げると、右脳優位になっている子どもは言葉（音）と映像しか入力しないので、いつになっても文字に反応できません。右脳がさらに伸びてしまい、危険ですらあるのです。あくまで、絵と文字が必ず同じ画面でセットになっているカードを見せるようにして右脳と左脳のバランスを取ります。

超高速楽（学）習法を試したいという親御さんには、ぜひこうしたＥＥメソッドの意図をよく学んで理解をしてから取り組んでいただきたいと思います。

疲れにくい脳にするための体質改善

超高速楽（学）習法によって右脳にストレスを与えずに学習できるとはいえ、子どもの周囲はストレスでいっぱいです。敏感な脳はさまざまな出来事に過剰反応して簡単に疲れてしまい、それ以上は学ぶことができなくなってしまいます。普通の子はそこまで敏感ではありませんから、脳もそれほどには疲れません。これは敏感な子どもにとってとても大きなハンデなのです。

そこで、私は脳そのものを疲れにくくすることが重要だと考えました。疲れた脳に酸素と栄養素を十分に送り届け、疲労物質を回収すれば、子どもの脳は学べる脳に短時間で再生することが可能です。

ＥＥメソッドでは、再び新しい情報を吸収できる脳に戻すために、「脳の体質改善」という手法を取り入れています。発達障害児の脳は敏感なため、勉強しようとしても、すぐに脳が疲れてしまって１日１回の学習しかできませんでした。そこで、脳を疲れにくするアプローチを加えると、1日に2回も3回も繰り返し学習できるようになったのです。まさしく、発達障害児の脳の〝時間の壁〟を超えることができるようになったのです。

この視点が、従来の教育には欠けていた、あるいは充分ではなかったのではないかと思います。ですから、これまでの改善は限定的だったのです。

私がこのメソッドにエジソンとアインシュタインの名を冠しているのは、決して二人の天才にあやかろうとしてではありません。

エジソンは、学校では問題児で退学させられましたが、お母さんの手取り足取りの家庭学習によって、彼の天才性は大きく開花しました。同じように、本メソッドでは家庭教育、家庭での学習実践の重要性を説いています。それは、脳の体質改善によって脳の疲労を回復させることにも適しているからです。

ちなみに、右脳に働きかける超高速楽（学）習によって、学習時間イコール学習効果という従来の学習法の〝時間の壁〟を超えて子どもたちが学習し吸収することを可能にしました。まさしくアインシュタインが相対性理論によって〝時間の壁〟を超えたように。

脳の体質改善とはすなわち、体の体質改善のことです。そのポイントは、血液の質を高め、脳への血流を良くすることにあります。血液は脳の活動に必要な酸素や栄養を運びます。ですから、脳へ良質の血液が流れなければ、脳の働きも衰えてしまいます。

人間の体をつくるのは食事ですから、血液を改善するには食事の見直しが必要です。脳の体質改善でもう一つ大事なポイントは睡眠の質を高めることです。睡眠中に分泌される成長ホルモンは細胞の活動を活発にしますが、それは脳の働きをよくするためにも必要なことです。

話は少しそれますが、私自身はこれまで、「人間とはどういう存在か」「どうしたら能力が上がるか」と考え続けてきました。さまざまな考察を続けるうちに、共に幼児教育に携わる妻がたまたま持ってきた本の中に、「胎便」についての記載がありました。三十年ほど前のことです。胎便とは出産直後の赤ちゃんが出す便のことですが、そのころから、胎便を出さないためにトラブルを起こす子が増えていると指摘されていました。

かつての助産婦さんたちは、産後に必ず赤ちゃんの胎便を出すようにしていたそうです。しかし、保険点数の対象とならなくなったために行なわれなくなったのだそうです。それによって、赤ちゃんの腸トラブルが多くなったという話でした。

ここから私は、腸と血液の関係、脳と血液の関係について考えはじめました。結論として、血液の質と血流の改善が脳機能の改善にもつながるのではないか、と考えるようになったのです。

脳の血流が悪いことで何が起こっているのか？

これは医学的なデータに裏づけられた話ですが、強いストレスによって脳の血流が悪くなると、脳の中央にある脳梁に血液がたまりやすくなり、右脳と左脳の連携が悪くなってうまく話せなくなります。脳梁というのは、左右の脳の間にある神経線維の束で、右脳と左脳を連携させる架け橋のようなものといえばわかりやすいでしょうか。

この脳梁は女性のほうが男性よりも脳に占める比率が大きいといわれています。そのために女性のほうがおしゃべりであるとか、複数のことを同時にこなせる、いわゆるマルチタスクが得意だというのです。私は、女児より男児に発達障害児が多いのは、男児の脳梁の神経線維が繊細すぎて血液がたまりやすいからではないかと推測しています。

脳が強いストレスによって傷つき炎症を起こすと、それをカバーしようと血液が集まってきます。脳梁はごくごく細い神経の束ですから、血流が悪い場合は脳梁にたまってしまいます。これが脳の疲れの原因にもなっているのです。

発達障害児の親御さんには、お子さんが言葉を発するのが遅いと悩んでいる方も多くいらっしゃいます。しかし、ほとんどのお子さんはちゃんと、親御さんや周囲の言葉に反応していて、脳の言語野は成立しているのです。なかなか話せないのは、言語野と、実際に話すために必要な口や舌の筋肉を動かすための指令を出す脳の分野との連携がうまくいっていないだけのことなのです。この連携がうまくいくよう血流を改善してあげると、すぐに次々と言葉を発するようになって、驚かれる親御さんがたくさんいます。

脳は脂肪でできている

実は、人間の脳は水分を除くと、6割が脂肪でできています。ですから、良質の脂肪が脳の働きには重要な役割を果たしています。

脂肪は温度が低くなると固まります。ステーキやすき焼き肉に牛脂がついて売られていることがありますが、火にかけるまでは固まったままです。手で触れても、バターのように溶けたりしません。ラードは豚の脂ですが、やはり手で触れたくらいでは、すぐには溶けません。ところが、牛や豚の体温は人間より高いため、牛や豚の脂肪をとると、人間の体内では固まりやすくなります。

一方、人間の体温よりも低い温度の水中を泳ぐ魚の脂は、少しぐらい低い温度では固まりません。ですから、動物性の脂肪をとるなら、牛や豚よりも魚の脂のほうが人間の体内で固まりにくく、血流にもよいのです。

そこでEEメソッドでは、和食中心の食事にして、肉よりも魚をたくさん食べることを勧めています。

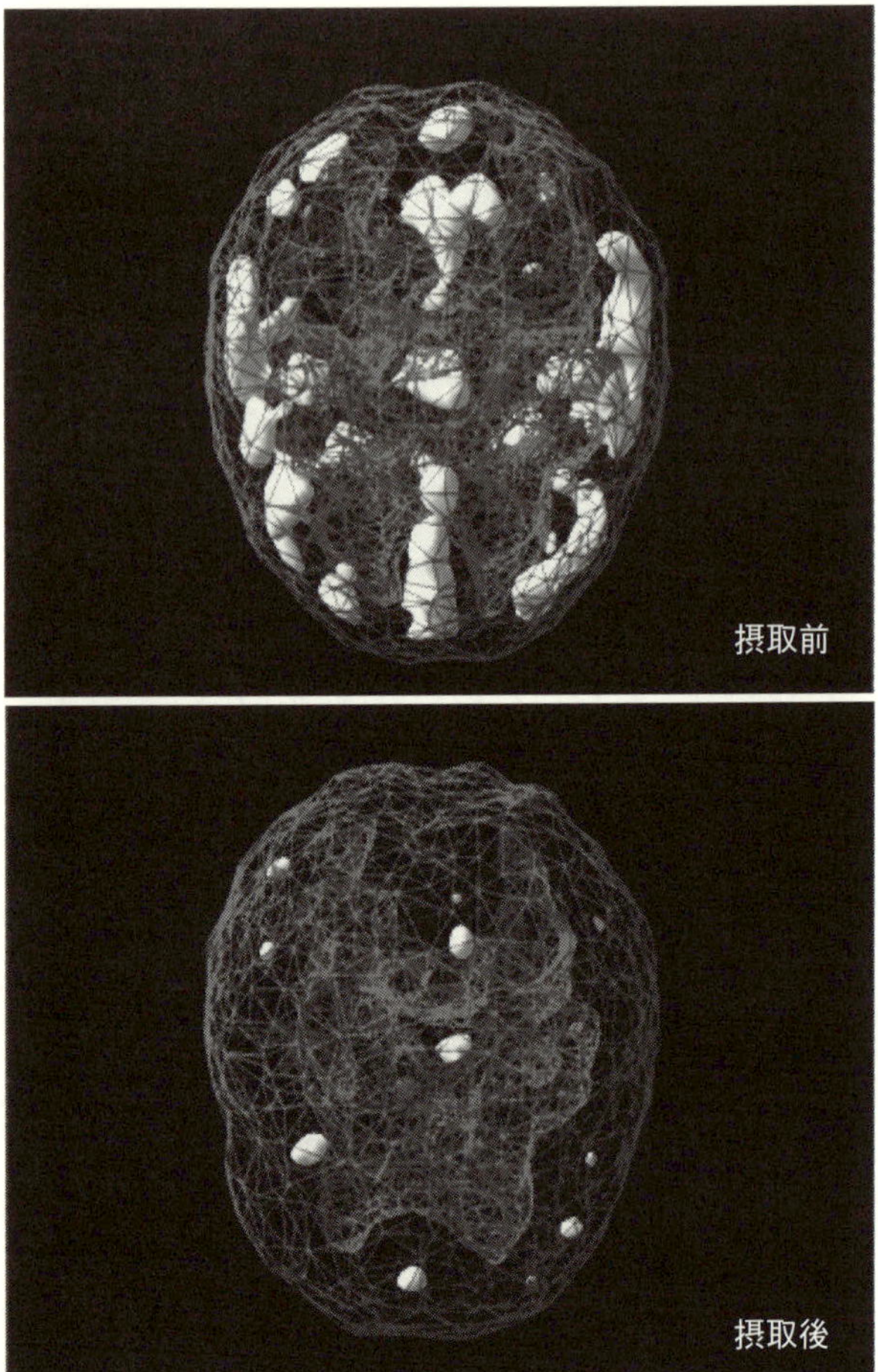

アメリカのシアーズ博士は、ADHDの児童にフィッシュオイル（EPAやDHAなどの「長鎖オメガ-3脂肪酸」）を８カ月摂取させ前後の脳内の血流変化を調べた。グレーの網の目は血流が潤滑な部分、白い固まり部分は血流の停滞を示しています。摂取後は脳全体に血流が行きわたっていることがわかります

脳の血流が改善されると、左脳的な行動が始まります。つまり、行動をコントロールすることができるようになり、目を輝かせて話ができるようになってきます。

ＥＥメソッドに取り組み始めた親御さんから、

「会話が始まった」

「初めてママって呼んでくれた」

という反応がまず寄せられるのも、脳の血流が改善されたことを示しています。これまで脳梁でせき止められていた血液が一気に流れることで、右脳と左脳の連携がよくなり、言葉が出るようになるわけです。親にとって、これほどうれしいことはないでしょう。

「発達検査表」によって子どもの変化を直接把握できる

ＥＥメソッドを実践することで始まるこうした変化は、本メソッド独自の「発達検査表」を使うことで正確に把握することができるようになっています。家庭で親が（とくに母親が）簡単にチェック表に記入するだけで、子どもにどんな変化が起こっているのか、一目でわかるようになっているのです。実はこれこそ、EEメソッドが大きな改善効果を挙げる秘訣でもあります。「発達検査表に始まり、発達検査表に終わる」と言っても過言ではありません。

この発達検査表は0歳から6歳までの成長のバロメーターをはかるもので主に、人間としての基本的な能力がどの程度身についているかを確認することができます。具体的には、「社会面」「言語面」「知覚面」「身体面」の4つの分野について発達段階がチェックできるようになっています。

チェック項目は、月齢の2倍の項目数で構成されています。6歳ですと月齢は72カ月になりますので、4つの分野それぞれに、2（項目）×72（月齢）＝144のチェック項目があります。ですから、4つの分野全部で576項目となります。数を見ると多いように思われるかもしれませんが、このあとお話しするように、できることは「○」、もう少しでできそうな場合は「△」というふうに記入していくだけです。

このチェック項目の数から、お子さんの成長ぶりを示す発達指数（DQ）という数値が導き出されます。月齢当たり2倍の項目数がありますので、「○」が付いた項目数の半分の数値を月齢で割ったものが発達指数となります。

たとえば、3歳児（月齢36カ月）の「社会面」の72項目に「○」が付いたら72の半分36を月齢36カ月で割るので発達指数は100％、となります。つまり、3歳相当の基本的な能力レベルにまで成長をしていると考えられます。もし4歳児（月齢48カ月）の時点で72項目に「○」が付いたら、36を48で割った数値、すなわち75％が発達指数となります。

136ページの表は生後48カ月（4歳）の発達検査表です。「一人で、服の着替えが出来る」「入浴時にある程度自分で身体を洗う」「殆どこぼさないで、ひとりで食事ができる」「兄弟・姉妹・他の子に、しっとを示す」「好きなオモチャや服を自慢する」「○○していい？と許可を求める」といったチェック項目が並んでいます。

これらは普通、自然に身につくものばかりですが、障害児の場合は、最初は「○」が付かない項目が多いかもしれません。それがEEメソッドを取り組むことで、「○」が確実に増えていき、子どもの成長を実感できるようになります。これが、本メソッドの最大の特徴なのです。

この発達検査表で、できない項目は空白のままにします。一般に行なわれている発

発達検査表（1例）

○が ついた日	△が ついた日	社会面の発達
/	/	73　一人で、服の着替えが出来る
		74　入浴時にある程度自分で身体を洗う
		75　殆どこぼさないで、ひとりで食事ができる
		76　自分のしたいことと、しなければならないことがわかる
		77　兄弟・姉妹・他の子に、しっとを示す
		78　手を洗って拭く
		79　家事が手伝える（洗濯物を運ぶ、食事の用意等）
		80　顔を一人で洗う
		81　服が汚れたら、自分で着替えられる
		82　お友達と順番におもちゃを使って遊ぶことができる
		83　お腹が空いた時、眠い時、どうするか答えられる
		84　衣服の前後・表裏がわかる
		85　好きなオモチャや服を自慢する
		86　遊具の交代がわかる
		87　脱いだ服をキチンと畳むことができる
		88　鼻をかむことができる
		89　買物をする時はお金を払う等、社会ルールが分かる
		90　大人に許可を確認できる（顔をうかがう）
		91　バスや電車で、空席が無いときは、我慢して立つ
		92　自分が作ったものを見せたがる
		93　トランプ遊び（ババ抜きなど）が出来る
		94　大人に注意されたら、その行為をやめる
		95　汚れたら自分で綺麗にする（手足を洗う、鼻水を拭う等）
		96　○○していい?と許可を求める

達検査のように「×」は付けません。お子さんの可能性に「×」は付けてはいけないと考えています。

検査表をチェックしたら、その都度「○」と「△」を数え、データ化します。

1章の体験談に登場する谷川くんの検査結果をもとに見てみましょう。チェックを始めた月齢は31カ月（2歳7カ月）で、「○」の数は社会面32（半分にすると16）、言語面40（同20）、知覚面41（同20・5）、身体面56（同28）。半分の数の平均は、21・125で、これを月齢31で割った数68・145％が発達指数となります。

5カ月後（月齢36カ月）には、社会面66、言語面72、知覚面76、身体面78となり、半分の数の平均は36・5。これを月齢36で割った発達指数は101・389％。このように、数値の上でも成長が確認できると、子どもの変化を実感できます。しかも、どの項目にいつ「○」が付いたかで子どもの具体的な変化もわかるようになっています。「社会面」「言語面」「知覚面」「身体面」の4分野を、定期的にチェックしていけば、「知覚面」は改善しているが「社会面」はもう少し努力が必要とか、4分野の平均をとれば全体的には改善しているといった具合に成長の目安を把握することができます。さらにデータ化しグラフ化すれば、視覚的にお子さんの成長が見てとれます。

この作業に負担を感じられるようでしたら、エジソン・アインシュタインスクール協会に検査表の結果のみを送っていただければ、折り返し、数値・グラフ化して返送するなどのサポートもしています。

検査表には親御さん（できればお母さん）がチェックして記入してください。先ほどお話ししたように、母親が自分で記録をつけて「改善している」と気づくことが重要だからです。

子どもたちは毎日少しずつ発達・成長していますが、いくら親御さんとはいえ一日1ミリの変化には、残念ながらなかなか気づくことができません。しかし、データで可視化することで、変化が実によくわかるのです。わが子の改善の変化を目の当たりにすれば、メソッドを取り組み続けるモチベーションを維持しやすくなります。

発達検査は通常、医師や保健師などが行ないますが、その場合は、「できる」「できない」の「○」「×」を付け、発達障害児かどうか判断するために使われます。ただでさえ敏感な子どもが、初めて会う人の前で、本領を発揮できるわけがありません。緊張し萎縮して、普段できることですら、できなくなることもあるでしょう。

谷川くんの発達指数（ＤＱ）値のグラフ

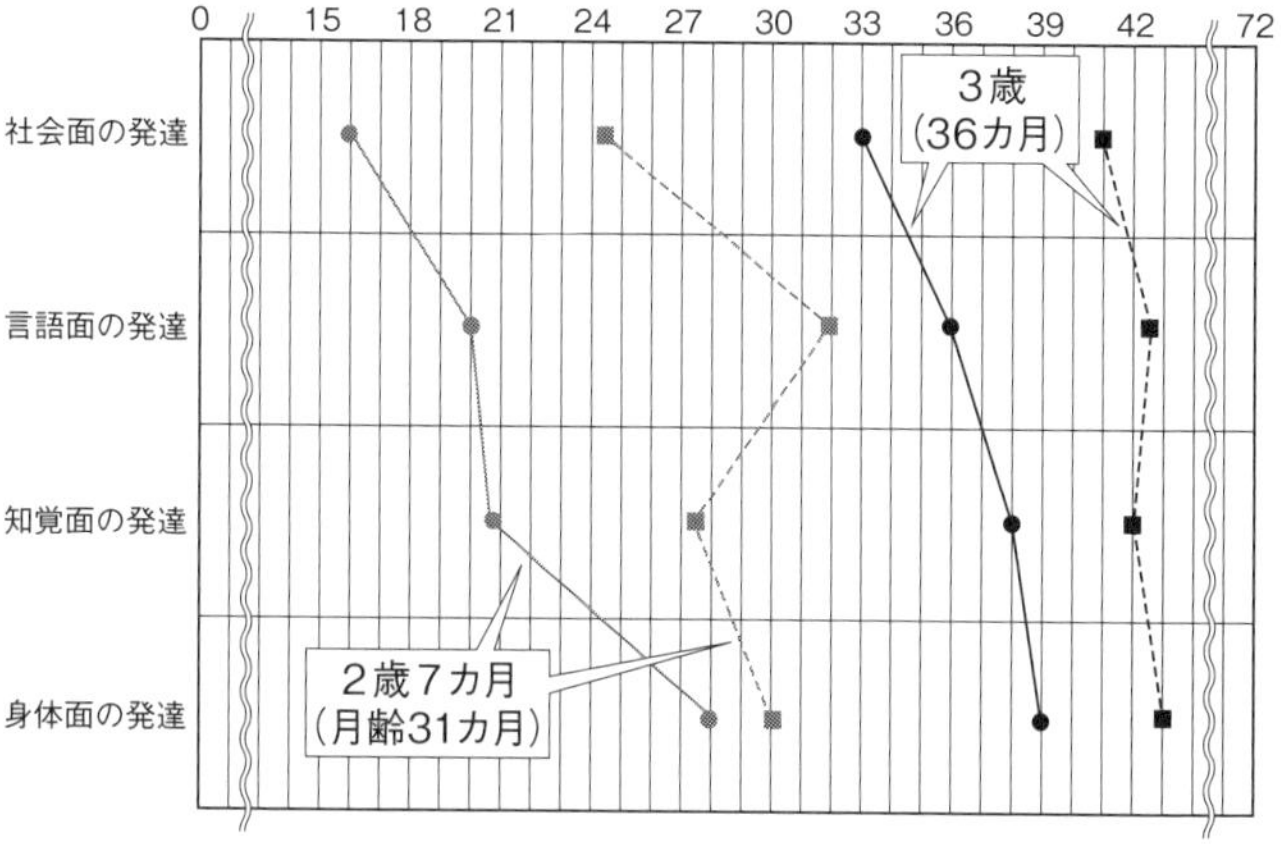

実線は、発達検査表の「○」の数の半分の数値をグラフ化。
点線は、発達検査表の「○」と「△」の合計数の半数をグラフ化したもの。△の値を加えることで可能性を見てとれる

谷川くんの発達指数の推移（%）

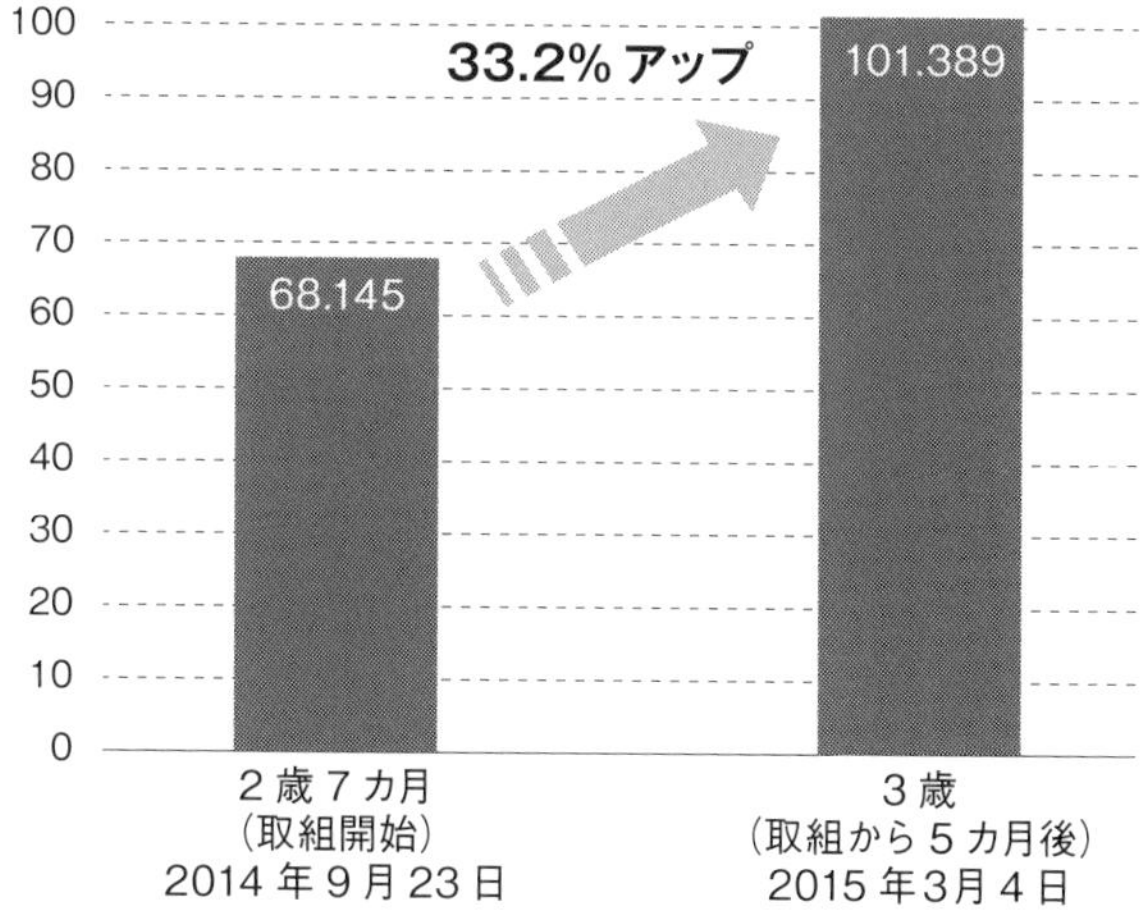

しかも、医師や保健師が一度チェックしただけでは、子どもの継続的な変化の様子を知ることはできません。だからこそ、いちばん子どもをよく知っている人がデータを定期的にとることが重要なのです。

近頃は、共働きの両親の代わりにおじいちゃん、おばあちゃんが子どもの面倒を見ることもあるでしょう。その場合は、日常の子どもの様子をよく観察しているおじいちゃん、おばあちゃんにデータをとってもらってもよいでしょう。

ＥＥメソッドの発達検査表は、世界のどこにいても、誰にでも安全に検査ができて、正しいデータを取れる仕組みになっています。だからこそ、協力者を増やしていけるし、定期的に継続してデータが取れ、適格に子どもを伸ばせるのです。

ＥＥメソッドが、この発達検査表の記入結果で重要視しているのは、「○」ではなく「△」です。どこまでも子どもの発達の可能性、伸びしろに焦点を当てているからです。可能性の高いところから集中してドンドン伸ばしていくのです。

６歳以上のお子さんについては、６歳までのチェック５７６項目数の90％の達成を目標にするよう指導しています。90％を達成すれば、幼児期に必要な社会化の基礎がほぼできあがり、自分自身の感情がコントロールでき、「我慢」「自信」「勇気」そして「学習」の回路が整えられるからです。

データをとるペースは、最低でも2週間に一度が目安です。「やらなきゃいけない」という強迫観念にならないのであれば、毎日取ってもよいくらいです。毎日の少しずつの変化がわかることこそ、家庭教育のメリット。そのための力強いパートナーとなってくれるのが発達検査表なのです。

母親の指導が効果的なのはなぜか

子どもの変化に気づくと、親は変わります。子どもの成長を信じられるようになるからです。ですから、親をいかに指導するかが重要なのです。

3時間、感情をコントロールできない不安定な子どもと一緒にいると、母親は自分の感情を抑えられなくなり、育児ノイローゼの状態になることまであります。

発達障害や知的障害の子どもさんをもつお母さんは、大変なストレスを抱えています。夫婦仲が悪くなったり、ストレス太りをしたり、特に深刻な場合になると子どもとの関わり方がわからなくなり、虐待にはしることもあります。事実、ＥＥメソッドで子どもが改善した後、「実は」と、親が虐待や家庭内暴力を告白してくることも少なくありません。

ところが、こうした地獄のような状況にあったとしても、お母さんが逃げずに立ち向かって家庭教育を一所懸命に行なうと、天国が待っているのです。子どもが改善してなつき始め、感情の交流もできるようになると、親は子どもとのかかわり方に自信を取り戻すことができます。夫婦仲がよくなり、ストレス太りだったお母さんが30キロも痩せたという報告を受けることまであります。

私は、「親の使命は子どもを自立させることだ」と考えています。ＥＥメソッドにもそのためのプログラムが組み込まれています。

子どもの自立に必要なことは自信です。自信をもつと独り立ちできます。

自分を信じることができないから自信がない。ではどうしたら、いいか。できるようになったことをちょっとでもほめられると自信がついてきます。信じるの「信」という漢字は「人の言葉」という意味。信頼している人の言葉を受け入れるということです。

小さいお子さんにとっては、いちばん頼りにしているのはもちろん親、とくに母親です。だからこそ幼児期に、母親がかける愛情たっぷりの言葉が重要なのです。声帯を震わせて音として出るのが声ですが、その振動数が母親と（お母さんのお腹の中から生まれた）子どもは似ています。ですから、子どもは母親の声に簡単に共鳴し共感できるのです。同じ言葉でも母親が口にする言葉のほうが効率よく子どもに伝わるのです。

同じ理由で、母方の祖母の言葉もまた効果的な影響を与えます。一方、父親の場合は、子どもに振動数を合わせるために「子どもに合わせよう」と意識・努力することが重要です。

ただし、のべつまくなしにほめればいいというものではなく、的確にほめなければなりません。子どもは一人ひとり違うし、子どもの変化に気づいて、それに応じて適切にほめるのです。

とくに敏感な子どもは、親の気持ちにも敏感です。親が不安がると、それも敏感に感じとり、自分も不安になっていきます。親の声に愛情を感じられれば子どもは安心しますが、反対に親の声にストレスが少しでも混じれば、子どもは敏感に察知して耳に届かなくなります。

EEメソッドもお母さんの愛情によってこそ、その効果を発揮します。そのために子どもをほめる実践法を取り上げていますが、その役割はお母さんが果たすのがいちばんです。

天才児が日本を救う

エジソン・アインシュタインスクール協会は、発達障害や知的障害の改善実績にばかり注目が集まり、しばしば誤解もされてきましたが、私たちは発達障害児や知的障害児の〝改善協会〟ではありません。

私たちはそもそも、子どもたちを障害児とは見ていません。「天才の卵」と見ています。その中から、21世紀のエジソンやアインシュタインが必ず生まれると考えています。天才を発掘して未来を変えることに価値があると考えているのです。

お医者さんや教育者、心理学者が〝障害児〟と判断した子どもたちの中から天才的に活躍する子どもがたくさん出てきたら、これまでの教育の取り組みはいったい何だったのでしょうか。私たちは、これまでの教育の仕組みがひっくり返るような挑戦を行なっているのです。

優秀な人材が育ち、彼らが連携して課題に取り組めば、世界はどれだけ豊かになることでしょう。豊かになるほど戦争は遠ざかるでしょう。武力を持てない日本だからこそ、教育立国をめざし、教育により豊かになれることを世界へ発信していかなければいけないと私は考えています。

仮に国防費の１％に当たる予算を家庭教育に使えば、20年後に日本を支える天才はものすごい数になり、国防力はかけた予算の１００倍以上強化されることでしょう。天才児を育てることは、まさに21世紀の公共事業なのです。

発達障害児の親御さんたちは、医師から「治らない」と言われているため、前途を悲観したり、諦めてしまっています。ですから、できるだけ早く、子どもは治らないどころか天才性を秘めていることを伝えたいのです。

確かに、ＥＥメソッドをもってしても発達指数がなかなか上がらない、伸びにくい子どもがいるのも事実です。私は、「伸びにくい子どものほうが天才性が強い」と考えています。ですから絶対に諦めずに取り組むよう指導し続けます。辛抱強く諦めずに接して、ＥＥメソッドを実践し、感情コントロールができるようにしてあげると、必ず社会性が生まれてきます。彼らが本来もっている敏感で優秀な脳の力が生かされます。社会性が伸びた分、未来社会で活躍できる可能性が大きく輝いてきます。

3

家庭教育で実践する三つの柱

三つの柱を家庭教育で実践

ＥＥメソッドには、この教育法を成り立たせるための三つの柱があります。

第一の柱　親の意識改革
第二の柱　子どもの体質改善
第三の柱　超高速楽（学）習法

前章でもＥＥメソッドがいかなるもので、どのように成り立ってきたかを簡単にお話ししましたが、この章ではその柱となる三つのポイントを紹介します。これら三つが揃って行なわれなければ、ＥＥメソッドの効果は得られません。ですから、どれか一つではなく、すべてを同時に行なってください。子どもが自立できる基礎能力が着実に伸びてくるのがわかります。とくに発達検査表にはっきりとその変化が表われてくるのがわかるでしょう。

しかも大切なのは、三つの柱はすべて、親が家庭教育で実践すべきものであるという点です。だれかがやってくれる、改善してくれるという他力本願の姿勢ではいけません。

当協会も、親御さんにEEメソッドの方法を指導したり、サポートはしますが、子どもさんを直接指導することはありません。なぜなら、子どものことをいちばんよく知っているのは、親御さんだからです。

人間が自立するために必要な基礎能力がどこまで獲得できているかを日々の生活でチェックできるのも、子どもと毎日接している親です。基礎能力が獲得できてきたら、子ども一人ひとりに合った得意分野を見つけて、そこを伸ばすステップに入っていきますが、それを判断し指導するのも、子どものことをいちばん知っている親なのです。

第一の柱　親の意識改革

発達障害の子どもは、改善のための行動を、自分からは起こしません。いえ、できませんし、やりません。ですから、親が行動を起こし、実践する。それしかないのです。親が諦めてしまったら、誰も実践する人がいなくなり、お手上げの状態になってしまいます。

残念なことに、世界中の医者と教育者と心理学者が「発達障害は治らない」と言っ
ています。それがこれまでの常識でした。でも、そんな常識を親が受け入れて諦めて
しまったら、わが子の未来は乏しくなってしまいます。

それでも、親が元気でいるうちはまだよいでしょう。しかし、親が死んでしまった
ら、子どもは一体どうなりますか。それを考えて不安で仕方ない親御さんもたくさん
いらっしゃることでしょう。親の使命とは、子どもの自立を実現することです。だか
ら、子どもが自立のための基礎能力を身につけるまで、親は絶対に諦めてはいけない
のです。

もし諦めそうになったら、自分たちが死ぬときのことを考えてください。

「このまま諦めるわけにはいかない！」

と奮い立つはずです。

諦めないために何よりも必要なことは、親が意識改革をし、考え方を変えることで

す。これまでは

「なぜうちの子は、ほかの子ができることができないのだろう?」

という考えだったのではないかと思います。それを、

「わが子の発達障害は絶対に改善できる」

「わが子は天才の卵なんだ!」

と考えを変えて、心の底から信じましょう。疑いのカケラもないほどまでに信じなければ、特に敏感すぎる子には不安が伝わってしまい、うまくいきません。一時的に順調に改善が進んでいた子どもでも、伸び悩むことがあります。

一度うまくいかないことがあるだけでわが子の可能性を信じられなくなる親は、たやすく挫折してしまいます。ですから、わが子の可能性を信じきってあげてください。

わが子を信じたうえで、EEメソッドを学び指導法をマスターして、一刻も早く実践すれば、必ずや改善に結びつきます。

私は、

「なぜそれほどまでの情熱をかけて、発達障害児の指導を行なうのですか?」

と、よく聞かれます。しかし私は、発達障害児と思って接しているわけではありません。子どもたちの天才性を見つめ、

「この子は未来のエジソンだ、未来のアインシュタインだ」

「すごい！」

と思い、日々接しているのです。それだけで、毎日同じようなことを繰り返していても、いつも、とても新鮮なのです。未来に関わる仕事をしているという充実感もあります。


正しく評価する術がないこと、子どもの天才性を伸ばす術がないことが原因で、一方的に低い評価を押し付けられた子どもの可能性を伸ばし、社会へ送り出す。こんなにワクワクドキドキするよい仕事はありません。毎日、感謝しています。

発達障害児、知的障害児が天才性をもっているという理由は何かと聞かれることもよくあります。それは、彼らにはものごとの本質が曇りなく見えるからです。彼らは右脳を主に使って非常に率直に反応します。左脳で理解して判断しようとしていません。ですから、本質が明確に見えますし、指導の結果も如実に現れます。

本当は、普通の子も幼い頃は同じように反応していたのです。しかし成長とともにだんだん本質が見えなくなってしまいます。一方、障害児は8歳児や10歳児になっても、幼いときの率直な反応を示し続けます。乳児の純粋性を保ったままなのです。そこに私は天才に必要な資質を見ます。そして、親次第でその天才の可能性を伸ばせるのです。

親の意識改革とは、子どものすごさを発見することです。すると、これまでの価値観が180度転換します。そこから親子関係も変わるのです。

私たちが5000以上の家庭の相談指導を通してわかったこと、それは「子どもが劇的に改善する前に必ず母親の笑顔が増えるという現象が起こる」ということです。どんなことより母親の笑顔が子どもを改善させるのです。逆にいえば、子どもを伸ばしたかったら母親の笑顔を増やせばいいのです。

一方、競争社会の中で揉まれているお父さんにお願いします。社会のストレスを家の中に持ち込まないでください。それでは子どもが不安定になってしまいます。お父さんの家庭での役割は、威張ることではなく、お母さんが愛情たっぷりに、笑顔を絶やさず、子どもさんに接することができるようサポート役に徹することです。

第二の柱　子どもの体質改善

みなさんは、発達障害というトラブルは、子どもの体のどこで起きているのかと考えたことがありますか。漠然と
「なぜうちの子が？」

「妊娠中の過ごし方がよくなかったのだろうか？」

などと、人生の不条理を嘆いたり、悔やんだりしていないでしょうか？　医師からの「治りません」という言葉だけを鵜呑みにして、子どもの体の中で本当に起こっていることを見極めることをやめてしまってはいないでしょうか？

発達障害の原因となるトラブルは、子どもの脳で起きています。まず、この事実をしっかりと受け止めてください。


脳は人間の精神的・肉体的な活動のすべてを司っているように思えますが、医学的

にいうと臓器の一つです。そして、臓器を動かすのは、その活動に必要な酸素や栄養素を運ぶ血液です。血液が運ぶエネルギーがなければ、人間のさまざまな臓器は動きません。

車に置き換えて考えてみましょう。どんなに馬力のあるエンジンを搭載していても、どんなに良質のタイヤを装着していても、燃料のガソリンの質が悪ければ、100％の能力を発揮して走行することはできません。それどころか、悪質のガソリンを使っているとエンジンが壊れてしまうこともあります。

人間の体も同じです。血液の質が悪ければ臓器をうまく機能させることができませんし、血流が悪ければ血液をうまく臓器へ届けられません。逆にいえば、脳に送られる血液の質と血流を改善すれば、脳の体質改善ができますし、脳の機能は必ずよりよい状態になります。それによって脳のトラブルを改善することもできると考えられます。

これまでの教育法や療育法では、トラブルの原因である脳の健康状態にまで踏み込むことはしていませんでした。しかし、脳は人間の体の一部なのです。

体をつくり、生命を維持するために必要なことはいくつもありますが、日々の生活でもっとも重要なのは「食事」ともうひとつ「睡眠」です。「食事」は当然としても、見逃されがちなのが睡眠です。これには、休養だけでなく生命エネルギーの生成という重要な役割があります。ですから、脳の体質改善をはかるには、食事の質と睡眠の質を高めなければなりません。

実は、発達障害のある子どもは便秘であるケースが非常に多いのです。ＥＥメソッドでは、この便秘を解消することの重要性を説いていますが、それには食物繊維をしっかり摂取することが必要です。

日本の伝統的な和食もすすめています。現代の食生活は欧米化しており、肉、脂肪、乳製品、卵、砂糖の摂取が多くなっています。パンと牛乳ではなく、なるべくご飯、みそ汁、野菜たっぷりの副菜といった食事へ切り替えるようおすすめしています。そのほうが、子どもの脳の体質改善にまちがいなくつながるからです。

添加物の多い加工品、市販の惣菜、レトルト食品、冷凍食品もなるべく少なくすること、スナック菓子やジュース類が当たり前にならないよう注意することも必要です。

ＡＤＨＤのあるお子さんが、私との親子面談後、それまで１日２、３杯、牛乳を飲んでいたのをすぐ止めました。大好きだったピザやパンも止め、青魚中心の和食に切り替えました。学校給食の牛乳も止めました。お母さんによれば、牛乳を飲むと、急に怒りっぽくなりトラブルになることがあったので、「ひょっとして牛乳のせいなのかな」と思っていたそうです。

６４８グラムの未熟児で生まれ、小学校に入ると言葉の遅れ、学力が低いという指摘を受け、友達を叩くなどの問題行動を繰り返していたお子さんは、幼稚園まではご飯を一膳も食べたことがなく、ゼリー状のカロリーメイトを好んで食べていたそうです。そのため、便秘もひどかったそうです。

それがＥＥメソッドを取り組むようになって、お肉やハンバーグなどの洋食から、ひじきの煮物や納豆などを一品、二品と取り入れ、昔ながらの和食に替えていきました。すると、それまで３、４日に一度だった便通が１日おきになりました。先生からは学校での友達とのトラブルが全くなくなったと言われたそうです。友達を叩いたり蹴ったりして、担任の先生から毎日のように注意されていた頃とは別人のようです、とお母さんがうれしそうに語ってくれました。

深い睡眠がとれると、体力が回復し、ストレスに打ち勝つことができます。いい睡眠を取るには、寝る前に足の裏や手をマッサージしてあげるといいのです。足の裏や手を揉むことで血流がよくなって全身が温まり、眠くなります。寝具や部屋の環境などを工夫するのもいいでしょう。

こうした食事や睡眠の生活改善は、最低でも4カ月は続けて実践することが必要です。

全身の細胞は常に新しいものへと作り替えられています。血液も同じです。たとえば、血中の赤血球は入れ替わるまでにおよそ90日から120日かかるといわれています。ですから、食事や睡眠によって質のよい血液に総入れ替えするには120日、4カ月は続けなければ意味がないのです。

それを3サイクル、つまり1年間続けてください。確実に血液の質が改善され、脳の体質改善が促進され、発達障害も改善されていくことでしょう。

これまでの生活をそのままにしていては、十分な改善を得ることはできません。

第三の柱　超高速楽（学）習法

学習の三要素は「集中」と「記憶」と「判断」です。そして、乳幼児にとっての最初の関門が「集中」です。しかし大人でもそうであるように「集中する」というのはなかなか難しいものです。
「集中」という状態を正確に体験しないと、次の段階である「記憶」も正確にできません。当然、続く「判断」も正確にはなりません。そこで、まず正しい「集中」によって正しい情報を脳内に形成させるようにしなければ、何年経っても脳のトラブルは改善しないのです。

大人であれば理性を使って、集中したい対象に五感を向けることで、集中状態を作り出すことができます。しかし、子どもはまだ理性を上手に使うことができないので、感性がその対象に向くように導いてあげなければいけません。特に発達障害児の感性は敏感なので、五感に振り回されないような工夫が必要なのです。

何度もお話ししてきたように、発達障害のある子どもの感性が人一倍敏感なのは、ほかの子どもよりも理性の働きの成長が遅れている分、五感を多用してきたからです。左脳をうまく使えなくてもなんとか適応しようと、自分なりに生きる能力を磨いてきたのです。ですから、音に敏感、味に敏感、匂いに敏感、聞いたものに敏感、見たものに敏感なのです。敏感すぎるので、いちいち反応してしまうのです。これが五感に振り回されるということなのです。

ほかの子どもが気づかないささやかな違いにも気づいてしまう繊細な感覚があるからこそ、気づいたものが気になってしまう。ほかの子どもたちと一緒に行動するには敏感すぎるのです。でも、その秀でた感覚を伸ばすことができれば、その天才性を引き出し、大きく伸ばすことができます。

盲目のピアニストとして有名な辻井伸行さんは、世界的に活躍し、高い評価を受けています。視力という感覚を補うために聴覚が研ぎすまされていったのでしょう。このケースは、発達障害児の改善にもとても参考になります。

2章でも簡単にお話ししましたが、敏感な子どもに、ゆっくりとしたペースで繰り返しの学習をやってはいけません。彼らの鋭敏な感性は、ゆっくりやっている間に学習に不要なものまでキャッチしてしまうので、待てなくなるからです。待てないうえに、自分が興味を失ったことをゆっくり繰り返されることは、強いストレスになります。

それに、目や耳からのインプットされた情報、すなわち、見たものと聞いたものの情報が一致しません。当然、頭は混乱してしまいます。

ですから、発達障害のある子どもに適しているのは、EEメソッドでも実践している「フラッシュカード」を使った超高速楽（学）習法です。超高速ですから、学習時間はかかりません。集中力を維持したまま繰り返すこともできます。

エジソン・アインシュタインスクール協会の親子面談では、親御さんの目の前で、このフラッシュカードを実演します。

たとえば動物ばかりを集めたカードの場合、「犬」「猫」「ライオン」などと名前を読み上げながら、かなりのスピードで絵カードをめくっていきます。

このとき速度を上げていくと、ある一定の速さのときに子どもが俄然集中するのがわかるのです。

なぜわかるかというと、カードに目の焦点が合って、じっと見続け始めるからです。カードに集中しているとき、子どもの体は動きません。おそらく頭の中はフル回転しているのでしょうが、その子の態度は「落ち着いている」わけです。

これが外見的に安定しているということです。この状態ができるだけ多くなるよう、体験の機会を作ればいいのです。

座っていられない、集中できないというのは「入力のスピード」が遅すぎるからです。遅いから飽きてしまって面白くないので、目がキョロキョロし、行動もウロウロするのです。

親子面談に来られるまで、発達障害のあるお子さんの将来に絶望していたあるお母さんは、面談で私から「このお子さんは、ハーバード大学だって行けますよ」と言われて、内心「このおじさん、何を言っているんだろう」と思ったそうです。ですが、面談で私がフラッシュカードをやってみると、それに見事に反応するわが子を見てビックリしたそうです。

この子は、電車が好きで、四六時中「デケデケ」「ガタガタ」などと電車の線路音をまねる癖がありました。エジソン・アインシュタインスクール協会は駅近くにあり、電車が通るとガタン・ゴトンという音が窓越しに聞こえます。お母さんは、お子さんが面談中も電車の音に気を取られて迷惑をかけるのでは、と内心ヒヤヒヤものだったそうです。ところが、超高速でめくられるフラッシュカードに目を点にして見入るわが子の姿に驚いたそうです。

親子面談を終えて自宅に戻ってから、同じように私をまねてカードを試してみました。お母さんが早くめくるカードに反応するわが子を再度目の当たりにして、それまで一生発達障害は治らないと悲観していたのが、初めて「やれば伸びる。無理じゃないんだ」と希望が湧いてきたそうです。

ＥＥメソッドのフラッシュカードは１６００枚あります。カードには、１２４ページでお見せしたように、絵柄の名称が、ひらがな、カタカナ、漢字、英語で表記されています。

1600枚のカードに記された漢字がすべて読めるようになると、実は中学校1年までに学習する漢字のレベルを超えます。さらに、1600枚のカードの英単語をマスターすると、高校1年生までに学習する英単語のレベルを超えます。ですから、EEメソッドを実践し続けると、高校受験ができる学力がつくようになるのです。

EEメソッドを実践したダウン症の女の子がいます。2014年に県立高校に見事合格しています。今は、大学進学の準備に入っています。

彼女が高校に合格できたのは、すでに中学生になっていましたが、中学の学習内容を超高速学習で学んだためです。集中力が高まり、記憶が促進され、判断力がつきました。それで、高校受験の準備を楽しみながら短時間でやってしまったのです。

もっと早い時期から始めていれば、もっと速く義務教育のレベルをクリアできたのにとお母さんが言っています。

4

子どもがみるみる変わる実践17ヵ条

教育の本質をしっかりとらえる

発達障害児や知的障害児への指導ではとりわけ、教育の本質をしっかりとらえておく必要があります。安易な気持ちで始めると、学習がストレスになるなど逆効果になることも珍しくないからです。

今すぐにもＥＥメソッドをやってみたいという親御さんは多数いらっしゃることでしょう。しかし親御さんには、家庭学習を行なうための指導法をマスターしてもらわなければなりません。

そこで本章では、家庭で今すぐに始められる、ＥＥメソッドのエッセンスとなる具体的な指導方法を、心構えとともにご紹介いたします。

さらに踏み込んでＥＥメソッドの指導法をマスターしたいという方は、ＥＥメソッドの始め方について章末にご紹介しましたので、ぜひご一読ください。

10歳までが〝勝負〟、家庭教育が子どもを伸ばす

脳は、乳幼児期に量的に急激に成長します。新生児の脳の重さは300〜400グラムですが、3歳までに1200〜1300グラムへと急成長します。日本人の成人男性の脳は、1400〜1500グラムですから、短期間に大人の脳の量の85％以上まで拡大してしまうのです。これを「脳の量的拡大期」といいます。

つまり「脳の量的拡大期」は、子どもの脳が急速に変わる時期、可塑性が高い時期だと言えます。悪いほうに変わるのも早いのですが、良いほうに変わるのも早いのです。ですから、脳に異変があっても、指導が早ければ早いほど変わるスピードも早くなります。

ところで、今お話ししたのは真実の半分でしかありません。確かに、脳は乳幼児期に量的に拡大します。しかし、問題は「量」ではなく「質」なのです。

実は、脳には「質的に90％が固定化される時期」があります。それが6〜9歳です。

つまり、5歳までに脳のレベルを高めても、6～9歳の時期に手を抜くと能力は定着しない、場合によっては「表から消えてしまう」のです。そこで、この時期にフォローアップを行なうことが脳の質を高める上では非常に重要です。

子どもの知能指数（ＩＱ）は、10歳以降はあまり変化しないと言われています。これを裏付けるかのように、小学校の先生の多くはこのように言っています。

「小学3年生の終了時の通信簿を見れば、その子の将来のレベルが90％の確率で予想できる」

また、帰国子女で英語がペラペラという幼児が最近増えています。ネイティブのように感覚的に理解し、感覚的に話す能力です。しかしどんなに英語ペラペラの幼児期を過ごしても、6歳になる前に日本に帰国してしまうと、「ネイティブのように感覚的に理解して話す能力」がなくなったかのように現れなくなってしまうのです（これは、表面上現れなくなっただけで、完全に忘れてしまうとは限りません）。

しかし、一緒に帰国した10歳過ぎのお兄ちゃんやお姉ちゃんがいる場合には、お兄ちゃんお姉ちゃんはバイリンガルになるケースが大半です。

６歳以降、子どもが幼稚園や保育園を卒園して小学校に入学すると、多くの親は安心してしまいます。そして、それまで熱心に家庭教育を行なっていた親でも、手を抜いてしまいがちになります。６歳まで子どもが吸収したことを固定化するにはその後の９歳までが重要なのです。まさしく
「10歳までで子どもの将来が決まる」
との気持ちで、家庭教育に取り組んでください。

これまでの常識は無視していい

世界中の医者と教育者と心理学者のほとんどが「発達障害は治らない」と言っています。それがこれまでの常識です。しかも、２０１５年から発達障害の新しい診断名は「自閉症スペクトラム」になりました。医者は、「あなたのお子さんは、自閉症スペクトラムです」と一律に診断名を付け、「治りません」「改善しません」と説明しています。実は、こうして親から、子どもの改善の希望を簡単に奪っている現在の医療と医師の在り方にこそ、大きな問題があるのです。

しかし、歴史的に見ても、常識は時代によって変わります。新しい視点によって、新しい事実によって、新しい結果の積み重ねによって徐々に変わるのです。ですから、真実を見抜くには、失敗した方法と成功した方法を見分ける目が重要になります。

そのための方法は実にシンプルです。子どもの様子をこまめにチェックして、子どもが伸びていたらその取り組みは成功している。伸びていなかったら間違えている。それだけです。間違えた取り組みにしがみつかず、無視して、成功した取り組みを粘り強く続ければよいのです。

世の中には、医者や教育者、心理学者など「専門家」と称される人々がごまんといます。専門家とは、不可能なことを知り尽くしている人たち、ネガティブな過去の知識に囚われている人たちであると言い換えることもできます。ですから、専門家が言う古い常識に囚われていると、いつまでも先に進めません。

これまでの常識では「治らない」と言われていたのですから、これまでの常識の専門家には絶対に子どもは救えません。未来の常識で、子どもを救うことを考えましょう。そして、決して一人では悩まないでください。知らないことは知っている人、成功している人に聞けばよいのです。

ＥＥＳ協会は２０００以上の改善指導例をもっています。その経験と知識から指導します。それがＥＥメソッドのカウンセリング・システムなのです。ぜひ私たちを利用してください。

ＥＥメソッドは「親修行」である

母親の卵子と父親の精子が結合して、一個の受精卵になり、その瞬間に子どもの命は発生します。しかしこの段階ではまだ、脳という臓器は存在しません。その後、２８０日前後の時間をかけて受精卵は細胞分裂を繰り返しながら成長し、体重３０００グラム前後の胎児にまで成長します。その間に、脳という臓器も形成されます。

人間の脳は、遺伝的な要素のほかに、五感からの刺激を受けることで脳細胞同士が連携し合い、神経回路を形成します。この神経回路が脳を機能させるための基盤となるのです。神経回路が数多く形成されることによって脳の密度が高まれば高まるほど、優秀な頭脳になります。

神経回路の形成を促すのは刺激です。胎児期には母親の胎内音などの刺激を受けます。生まれてからは、意識あるいは無意識に周りからさまざまな刺激を受けて、神経回路が形成されます。

子どもは胎内にいるときはお母さんの心音や声帯の振動音の刺激を受けて過ごします。生まれてからも授乳などお母さんとの接触で刺激を受けます。ですから、子どもの脳はお母さんからの刺激にもっとも慣れ親しんでいるのです。

では父親の役割とは何でしょうか？　お父さんの最大の仕事は、お母さんの笑顔を増やすことです。なぜなら、人一倍敏感な子どもは、お母さんの些細なストレスでも刺激としてすぐに感じとり、それが子ども自身のストレスになってしまうからです。

ストレスは子どもの成長の最大の敵です。ストレスを感じた脳は興奮状態になり、脳内の毛細血管に炎症が起こります。その炎症によって、脳細胞間の連携が悪くなり、精神のコントロールを失い、異常な行動つまりパニックが始まります。

お母さんのストレスをやわらげるのは、お父さんの役割です。ですからＥＥメソッドでも、夫婦が非協力的な場合は何を行なっても、結果がマイナスになる可能性があるのです。

EEメソッドに関しては、夫婦が協力関係にあると、子どもの改善効果は倍増します。ですから、お母さんの笑顔が増える分、子どもの改善がスピードアップするとお話ししています。

EEメソッドは、子どもに施す、いわゆる「親業」ではありません。「親修行」なのです。子どもによって、親が学ばせられるのです。これは、従来の指導法とは、まったく逆の考え方です。

親は学びの過程で、親自身の人格を磨いていきます。子育てから学ぶべきことは、たくさんあります。ビジネスの世界でも通用する学びが、山のようにあるのです。

第1条　敏感な五感を活用したインプット——超高速楽(学)習法

赤ちゃんは、ちょっとしたことでもすぐ泣くように大人よりもずっと敏感です。発達障害やダウン症の子どもの場合は、五感を他の子ども以上に多用しているので、さらに五感が研ぎ澄まされていることは、すでにご説明した通りです。五感からの情報量の多さに加え、その情報が脳の受容スピードに追いついていないので脳が混乱していいます。そのために理性的な判断や自己コントロールが十分にできない。それで周囲にかかなか順応できなくて困っているというのが、発達障害児の状態なのです。

五感が敏感だということは、必ずしも悪いことではありません。それは、感覚が人一倍鋭いということ。脳の一部が一般的なレベルを大幅に上回って発達しているということです。その分、天才性を強くもっているということです。

それなのに、自己コントロールするという基礎能力が不十分なので、その天才性が上手く使えていないのです。ですから、そこさえカバーできれば一気に天才性が社会化できるのです。

音に敏感だったら、音響関係で超一流を目指すことができるでしょう。1ピッチの違いはもちろん、わずかな音の違いまで感じとれます。ピアノの調律師になれば、世界中のコンサートホールから引っ張りだこです。

味に敏感だったら、三ツ星レストランのシェフも夢ではありません。匂いに敏感だったら香りの世界で、色に敏感だったら色彩の世界で、形に敏感だったら造形やデザインの世界で、それぞれ活躍できます。近年、そうした子どもたちがドンドン育ってきています。

この子どもたちの才能が社会化できれば、必ず未来社会に大きく貢献します！　そうすれば、今の日本が直面している少子高齢社会の難局を乗り越える力になります。そうです、発達障害児は社会の負担ではなく、地球の未来を大きく変えるカギをにぎっているのです。

子どもたちの才能を引き出し、さらに伸ばすには、人一倍敏感な五感を活用してインプットすべき「基礎概念」があります。ＥＥメソッドでは、以下の項目をどんどんインプットしていきます。

①色　②図形　③大小　④数　⑤量　⑥空間認識　⑦比較　⑧順序　⑨時間　⑩お金
⑪ひらがな　⑫カタカナ　⑬アルファベット　⑭音　⑮基本漢字　⑯基本英単語

これらを超高速で入力していきますが、そのとき効果的にインプットするためには次の５つのポイントが大事です。

(1)五感で把握しやすい教材を用意する

五感からのインプットでは、2章でご紹介したフラッシュカードのように、視覚を活用した教材が有効です。カードには、身の回りのものごとが描かれていて、目で見て描かれていることを確認しながら、その名称を文字と音で覚えます。そうして、物事の概念ができ上がるのです。

EEメソッドでは独自の超高速フラッシュカードを使用していますが、一般でも類似のカードが市販されています。また、フラッシュカードをすべて覚えてしまった後は、覚えさせたい物事の写真を自分で撮り、名称を書き記すなどして、カードを自作する親御さんもいます。そうすることでどんどんと、おもしろいように覚えて身についていく様子は、第1章の体験談でもご紹介した通りです。

ほかにもEEメソッドには、子どもたちの敏感な聴覚を活用して、興味を導くための教材が多々あります。

(2)カードは必ず読み上げる

教材を使うときは、視覚と聴覚を超高速に同調させて物事を把握させる方法がたいへん効果的です。ですから、フラッシュカードを使うときは、必ず親が読み上げながらめくってください。

(3)子どもの反応を見ながら速度を調節する

フラッシュカードをめくるスピードなど教材を使うスピードは、子どもの目を見ながら調節します。子どもの目が泳ぐようになったら、それは遅いということ。もっと速くめくってみてください。年齢が小さな子どもほど、速くする必要があります。

いろいろ速度を変えてみて、子どもの目が泳がなくなり、体も動かなくなったら、フラッシュカードに集中しているしるしです。どんな子にも必ず集中できるスピードがあるので、一度で諦めずにいろいろと試してみてください。また、同じ子どもでも日によって集中するスピードが変わります。ですから、毎回必ず、目を見て確認するようにしてください。

落ち着いて座って見ていられない子もいますが、それはすでに頭に入ってしまったために、飽きているのです。子どもによってはコンマ5秒もかからずに、カードを見て頭に入ってしまうことがありますから、そういう子どもに対しては、どんどんスピードアップしてみるとよいでしょう。子どもに合わせた速度調節がポイントになります。

(4)余計な説明や確認は不要

フラッシュカードを見せてインプットするときには、余計な説明はいりません。最初はカードを超高速で見せながら読み上げるだけです。単語を復唱させるようなことは不要です。めくった後に、「黄色はどれ？」などと確認するのもよくありません。

ただし、何度もインプットをした後で、確実に頭に入っただろうと思ったときは、遊び感覚で質問をしてみてもよいでしょう。

たとえば、2枚のカードを出してお母さんがニコニコしながら「赤はどっち？」と聞きます。このとき、指で指し示すなどの行動ができなくても、目が正解の方へ向けば充分です。確実に理解していると判断してかまいません。正解したら、気絶するほどほめてあげましょう。どれだけほめても、ほめ過ぎということはありません。

答えが間違っているときは、何も言わず、正しいカードを子どものほうに差し出すだけでかまいません。それだけで、正しい答えが子どもの頭にインプットされます。決して、「間違っているよ」「こっちが正解だよ」などと言ってはいけません。

(5)楽しく行なう

インプットも、確認作業も、あくまで「楽しそうに」「遊び感覚で」やることがポイントです。超高速入力は、時間があれば朝昼晩の一日3回、子どもが集中できるような時間に行なってください。時間がなければ、一日2回、数分ずつでもかまいません。子どもの集中が続けば、どれだけやってもかまいませんが、子どもが嫌がったら無理にやらせてはいけません。そうすると、フラッシュカードを見るだけで逃げて行くようになります。

お母さん（またはフラッシュカードを行なう人）は、笑顔でニコニコと楽しそうにやりましょう。笑顔でできない場合は、口角を上げてやりましょう。笑顔は家庭教育を成功させるうえでの、不可欠な技術なのです。

子どもがなかなか集中しなくて、立ち上がってウロウロするようなときでも、叱ったり、声を荒げたりしてはいけません。強制すると、子どものストレスになってしまいます。

たとえ子どもが見ていなくても、テンポのよい音楽などに合わせて、どんどんカードをめくりながら楽しそうに読み上げていってください。言葉がなかなか出てこない子どもに対しても同様です。子どもは見ていなくても、耳では聞いています。「楽しいことをやっている」と子どもが感じてくれると、そのうちに興味をもつようになります。言葉が出なかった子どもも、辛抱強くカードを読み上げながら超高速でめくっているうちに、言葉を認識するようになります。

カードだけでなく日常生活でも言葉を教える機会を作ってください。音楽を活用するのもよいでしょう。ただし、間奏が長いと飽きてしまいますので、手拍子をしながら歌ったり、間奏を飛ばして編集された曲を使ったりしてください。

なお、各項目についての具体的なインプット方法については、以下を参照してください。

①色

赤、青、黄の3色から始める。必ず1色で塗りつぶしたカードを使うこと。

3色が頭に入ったら、どんどんほかの色へと広げていく。

②図形

丸、三角、四角の3種から始める。それぞれの形をした物（丸ならボールや太陽、三角ならおにぎりや山など）のカードを対応させること。

図形をはめ込むパズルを使い、ピースを見せて形を教えてから、はめ込みもさせる。できなかったら、「お母さんがやってあげるね」と言って正解にはめ込むとよい。

③大小

家にあるものを使えば、カードを使わなくてもよい。靴、お皿、ぬいぐるみなど身の回りのものを使い、「こっちは大きい」「こっちは小さい」と指し示しながら言う。

確認する場合は、大小両方を見せて、「どちらが大きい？」と比較をして答えさせる。できるようになったら、「中」へと広げる。

※注意　「高い・低い」と混同しないこと

④数

カードにドット（丸印）を描き、裏には数字を書いて、「1」「2」「3」を教える。同時に「0」も何もないことだと教える。

3まで覚えたら、合成（足し算）の概念を教える。ドットのカードを見せながら、5は2と3からできていることを理解させる。5、10、15、20と進むうちに引き算も理解できるようになる。

数字の概念（ドットで示した数）と、数字の記号（1、2、3、0）は分けて教える。

⑤量

量の多い・少ないを教える。コップを2つ

用意し、一方には多く、一方には少なく水を注ぐ。水の代わりにビー玉などを使ってもよい。

数とは分けて教える。

⑥空間認識

子どもを中心にして、右、左、前、後ろ、上、下の6つの概念を教える。

右手を触りながら「右」、左手を触りながら「左」を教え、「左・右」を区別させる。「左・右」を覚えたら、「前・後」「上・下」も同様に対比させながら教えていく。

「前・後」を教えるときは、物を使い、子どもの前に差し出して「前」、後ろに差し出して「後ろ」と教える。「上・下」も同様。

「左右、前後、上下」を覚えたら、「家の中・外」「箱の中・外」も教える。

必ず子どもの隣に立ち、前後・左右・上下が同じ向きになるようにする。向き合うと子どもは混乱してしまう。

⑦比較

数と量の概念を覚えたら、日常生活で比較の概念を使って教えていく。

「これはこれよりも大きい」「こちらのほうが多い」など、数と量についての「より」という概念を教える。

数と量を覚えたら、「車は自転車よりも速い」「お母さんはあなたよりも高い」など、さまざまな比較表現へと広げる。

⑧順序

人形やぬいぐるみなどを一定方向に並べて、1番目、2番目、3番目という順序の概念を教える。

慣れてきたら、「前から2番目、後ろから3番目」「上から2番目」「1番下」など、順番の数え方も教える。

数えられるようになったら、「このウサギさんを一番前に置いてください」というように、自分で並べさせる。

⑨時間

時計のおもちゃを用意して、1時間ごとの時刻から教える。

生活に合わせて、現在の時刻を教えながら、「3時だからおやつにしましょう」「8時になったから寝ましょう」など、行動と関連づける。

⑩お金

硬貨とお札を一通り用意し、お金というものであること、それで買い物できることを教える。また実際にお金を触らせてみるのもよい。

お金になれてきたら、「50円と10円で60円になる」「100円と5円で105円になる」などの合成の概念を教える。

お店へ行ったときに実際に自分でお金を払って品物を受け取る体験をさせる。

⑪ひらがな・⑫カタカナ

ひらがな、カタカナのカードを用意し、「あいうえお」の文字を一文字ずつ教える。文字を教えるときに、「これから『あ』のつく言葉を3つ言いますよ。あり、あめ、あひる」など、その文字が頭につく言葉も一緒に教える。「あいうえお」を覚えたら、続けて「かきくけこ」「さしすせそ」と、五十音を教えていく。

⑬アルファベット

ひらがな、カタカナと同様に、アルファベットを1文字ずつ書いたカードを用意して、入力していく。英単語についても、身の回りにある簡単な単語を、ひらがな、カタカナと同様に教えていく。

生活の中で、入力した英単語を使っていく。

お母さんの発音の善し悪しは気にしなくてもよい。ネイティブが発音している音源を使って、なるべく真似して重ねて発音するようにし、その様子を子どもにも聞かせて、ネイティブの発音のマネで、正しい発音に矯正する。

⑭音

ピアノなどで、「ド・レ・ミ・ファ・ソ・ラ・シ・ド」を一音ずつ、声に出しながら教えていく。

英語の発音同様に、音楽のCDなどで適宜矯正しながら、音を覚えさせていく。

⑮基本漢字

「超高速楽習カード」を超高速でフラッシュするとひらがなと同時に1600の漢字が読めるようになる。

⑯基本英単語

「超高速楽習カード」の英語版DVDを親が学び、子どもに言ってあげることで1600の基本英単語が楽しく簡単に入力できる。

第2条 「我慢」と「自信」を育てる——社会性の本質

敏感な五感を多用している発達障害児が、その才能を上手く活用することができないのは、「我慢」と「自信」が足りないからです。

どんな子どもでも、社会化するためには、まず「我慢」が必要です。最低限の「我慢」がなければ、周囲に迷惑をかけたり不快感を与えたりして外出を制限されるなど、不必要な努力や不快な状況などを強いられることになります。社会で生活するために必要な最低限の我慢を一刻も早く身につける必要があります。

また、発達障害児は、ほかの子ができることが自分だけできないという経験をすることが多く、そのために失敗したり怒られたりするので、いつも不安にかられています。そうしたストレスのために、さらに五感が過敏になり、脳が混乱して自己コントロールができなくなる。結果的にさらに問題行動を起こしてしまうという悪循環も招いてしまうのです。

ですから、問題行動を改善するには、そもそもの原因となる「不安」を取り除かなければなりません。というより、不安に打ち勝つ強さを身につけなければなりません。そのために必要なのが「自信」です。自信の元となるのは成功体験ですが、発達障害児は成功体験が少ないうえに、ほめられることも多くないので成功の喜びも知りません。これでは自信が身につきようがありません。

脳内に我慢の回路をつくり、自信を覚えることによって、子どもは少しずつ社会化していけるのですが、敏感な子どもの場合は、我慢と自信が人一倍必要であるにもかかわらず、なかなか身につかないのです。

しかし、それも仕方のないことです。親自身の体験だけでは、敏感な子どもに応じた我慢の教え方や自信の与え方がわからず、普通に育ててしまいます。それが、子どもの我慢と自信を育てるのに適していないことに気づかないでいるのです。

ＥＥメソッドでは、人一倍敏感な子どもが過剰反応しても、十分に自己コントロールできるよう、効率よく自信が育つようになっています。

そのためにすすめているのが「５つの魔法の言葉」の言い聞かせです。

5つの魔法の言葉

「あなたは、楽しく我慢できます」
「あなたは、楽しく挨拶ができます」
「あなたは、楽しく思いやりができます」
「あなたは、楽しく学べます」
「あなたは、運がいい。ツイてます」

この５つの言葉を言い続けることによって、子どもの心に「我慢」と「自信」の回路がつくられていきます。つまり、脳内に回路が形成されます。

我慢を覚えさせるには、脳内に「我慢」という回路をつくってあげることが大事です。まず子どもが気を引きそうなおもちゃを用意し、「ほしい?」と聞きます。そして子どもがほしいという意思を見せたら、「あげるからちょっと待ってね」と言って、3つ数えます。そして、「1、2、3」と数えたら、「はい!」と手渡しして、「よく待てたね」とたくさんほめてあげます。

この「ちょっと待つ」というのが我慢です。これで我慢を体験できたら、次は少しずつ我慢する時間を長くしていきます。おもちゃを「一度返してね」と言って返してもらい、今度は5つ数え、また渡してあげ、我慢できたことをたくさんほめます。

子どもが返すことを嫌がったら無理にとりあげるのではなく、ほかのことに意識を向けるなどして、嫌がらないようになったら返してもらいます。この時間を少しずつ長くしていくと、だんだん、我慢できる時間が長くなります。

また、おもちゃを預かっているときは、数を数えながら手を叩くなどして、待てる雰囲気にすると我慢しやすくなります。

これは、「楽しく待つ」ための学習です。

「待てばおもちゃがもらえる」「待つといいことがある」という回路をつくることで、

子どもはワクワクしながら待てるようになります。続けるうちに、子どもは「待つ」ということを理解して、落ち着いてじっとしていることができるようになります。

これが、「楽しく我慢ができます」という魔法の言葉の正体なのです。

第3条 やってはいけないことのルール化——自己のコントロール

日常生活で我慢ができるようになると、これが自己コントロールの第一歩となり、社会性が身につき始めます。

しかし、日常生活で我慢させることが当たり前になると、せっかく築いた信頼関係を親が壊してしまうこともあります。

たとえば家事で手が離せないときに子どもに何かをせがまれ、「後でやってあげる」と言いながら、すっかり忘れてしまうような場合です。

しかし、「後でやってあげる」というのは、子どもとの大切な約束です。必ず、裏切らずにやってあげてください。もし約束が守れなかったときは、必ず「ごめんね」と子どもに謝ってください。

我慢のほかにも、社会性を身につけるうえで必要なことがあります。とくに、次の4項目について問題があった場合は、必ずそれがいけないことであると教えるべきです。

社会化をさまたげる4つの要因

①わがまま
②いじわる
③うそ
④よくばり

これらの4項目について、もし問題があると感じたら、すぐに注意するようにしましょう。また、子どもが「自分が悪かったから注意されたのだ」と理解できるよう、この4項目を日頃から、やってはいけないこととしてルール化しておくとよいでしょう。

注意する際は、声を荒げたり、大声を出したり、ましてやぶったり叩いたりすると、子どもは心を閉ざしてしまい、逆効果になります。注意をするには、子どもの耳元で

2〜3回ささやくだけで充分です。

第4条 少しでもできたら気絶するほどほめる——ほめ伸ばし

あなたは、お子さんのよいところをいくつ挙げられるでしょうか?

私のところへ来たお母さんには必ず、お子さんのよいところを10個書いてもらいますが、10どころか一つも出てこないというお母さんも少なくありません。

その理由は、お母さんの考えている「いいところ」「ほめること」の基準が高すぎるからです。

子どもが存在していること、生きていることをまず喜んでください。ハードルを目いっぱい下げるのです。すると、たとえ小さなことでも「こういうところがいいな」という部分がたくさん出てくるはずです。

「ごはんをおいしく食べられる」「笑顔がとてもいい」「歌が上手」「動物が好き」「元気に走り回って遊べる」など、なんでもいいのです。今すぐにお子さんのよいところを探して、早速ほめましょう。

ほめるときの目安は、今までの百倍ほめるつもりでほめてください。ほめ言葉のバリエーションは多いほうが効果的です。少しでもできたら気絶するほどほめましょう。何度でもほめられているうちに、無意識にお子さんに浸透し、自信となって行動へと現れるようになります。

また、今までできなかったことが少しでもできるような気配が見えたらすぐに、子どもが恥ずかしがって「もういいよ」と言うくらいほめましょう。

ぜひ使ってほしい「60のほめ言葉」をご紹介します。

ドンドン使おう！　子どもをほめる60の言葉

よくがんばった	すごすぎる	感動した
よくやった	すばらしい	最高
うまい	やればできる	見事
上手	さすが	素敵
たいしたもんだ	あっぱれ	かっこいい
すごい	立派	賢い

日本一
世界一
天下一
銀河一
宇宙一
Good job！（グッジョブ）
wonderful（ワンダホー）
地球を変えるリーダー
Bravo！（ブラボー）
great（グレイト）
complete（コンプリート）
amazing（アメイジング）
大丈夫
驚きだ
ビックリした

超一流
輝いてる
私の誇りだ
大物
ヤッター
偉い
胸が震える
胸がいっぱい
万歳
エェー！
オォー！
幸せ
涙が出る
おりこう
優れている

優秀
天才
名人
ワクワク
救世主
鳥肌が立つ
完璧
大立者
勝利者
真のチャンピオン
達人
perfect（パーフェクト）

人間が複数存在し相互作用をしているのが、家庭という「場」です。そこで子どもは生きていますから、子どもを伸ばすには、この「場」そのものをできるだけ高めなければならないのです。この家庭という場を支えているのがお父さんとお母さんです。

ですから、子どもをほめようと思ったら、まず夫婦がお互いをほめ合うことから始めるのがいいのです。ところが、実をいうと、ほめる立場のお父さん、お母さん自身が、ほめられ慣れていないケースが多いのです。まずは今日から、お父さん、お母さんがお互いの未熟なところをほめて伸ばし合うところから始めましょう。できているところはほめなくてよいのです。人間には、必ず未熟なところがあります。その部分をほめましょう。先に掲げた「60のほめ言葉」は、お互いのパートナーに使ってもよいのです。

「前より優しくなってきたわね。うれしいわ」とほめるなら、それはもっと優しくしてほしいというアピールです。「前より協力的になってきたわね。助かるわ」というのは、もっと手伝ってほしいという意味です。「お母さん、前より料理が上手になってきたね。美味しいよ」というのは、料理がイマイチなのでもっと上手になってほしいということです。

絶対にお互いを非難してはいけません。そうすると、夫婦の間に血の雨が降ります。その返り血で、敏感な子どもは、さらにストレスを感じるようになります。

未熟な部分を攻撃・非難せず、あくまでほめることで気づかせて、伸ばすのです。夫婦が互いに未熟な部分に気づき伸ばすことができると、その分だけ二人の人生は充実し、幸せに近づくことができます。これが、結婚のほんとうの目的だと思いませんか？


子どもが伸びるのを待って親も伸びるのではなく、親が伸びたから子どもも伸びるのです。親のどちらかでも成長を始めたら、次の瞬間から子どもは伸び始めます。

「前よりもパートナーをほめるのが上手になってきた」と感じたら、親自身が成長を始めた証拠です。

第5条 笑顔で実践――親の感情コントロール

親は子どもにとって、家庭における〝最初で最大の教師〟です。その役割を果たすために必要不可欠な条件があります。それは、自分の感情を常にコントロールすることです。

そのために欠かせないのが笑顔です。子どもに接するとき、とくにフラッシュカードなどに取り組むときは笑顔は必須条件です。

お母さん自身がストレスを感じているときは、とても笑うような気分になれないかもしれません。そんなときは、形から入ってみましょう。

まず、目線を上に向けることを意識します。悩みや不安といったストレスを感じているお母さんは、うつむき加減で表情が暗いことも多いのですが、目線を上に保つだけで表情が変わってきます。

次に、第6条でご紹介する「パワーアップ体操」で体をリラックスさせましょう。これで顔の筋肉が緩んできます。たとえ演技であっても笑顔をつくりやすくなります。

仕上げに、鏡を見て口角を上げてみましょう。

笑顔をつくりながら、できるだけポジティブな言葉を使うことも心がけましょう。これだけでも、不安から生じる子どものストレスは、かなり軽減されるのです。

子どもを叱るとき、怒鳴りつける親がいますが、これは親の脳が興奮している状態です。そして、興奮している自分にさらに興奮して、制御不能に陥るケースが多いのです。

興奮してしまいそうなときは、まず何か言う前に一呼吸しましょう。深く呼吸すると、肺に新鮮な空気が送り込まれます。そうすると、血中の酸素濃度が上がります。血中の酸素濃度が上がると、血圧を上げて血流を増やす必要がなくなりますので、心拍数が下がります。すると、心臓の負担が軽減されて、興奮も冷めてきます。

また、一呼吸している間に言うべきことをもう一度チェックできるので、後で「言わなければよかった」と思うような後悔をしなくてすみます。

第6条 毎日実践してほしいパワーアップ体操——親の生命力を上げる

敏感な発達障害児は、親の感情だけでなく、親の生命力の強弱にも強く影響されます。生命力の強い親は、子どもの生命力を高めますし、生命力の弱い親は、子どもの生命力を引き下げてしまいます。

なぜなら敏感な子どもは、親の感情だけでなく、親の心身の体調不良まで敏感に感じとり、影響されてしまうからです。

子どもの発達障害も、親の生命力を上げると改善しやすくなります。第1章の体験談にも、ＥＥメソッドでお子さんが改善すると同時に、お母さん自身も健康になったという報告があります。

何より子どもの改善によってお母さんのストレスが軽くなるからですが、お母さんも子どもと一緒に食事改善に取り組み、パワーアップ体操などをすることでお母さん自身の生命力が高まるからです。

ＥＥメソッドでは血流を重視していることは、すでにお話したとおりです。お風呂で温まるなど血流をよくする方法はいろいろありますが、ぜひ毎日実践してほしいのが、次にご紹介するパワーアップ体操です。

体操といっても30秒程度で誰でもできる簡単なものですから、ぜひお母さんが率先してやってみてください。これだけで指先がジーンとして薄い膜を張ったような感覚になり、血流が非常によくなります。

お母さんが楽しそうにやることで、子どもも自然に真似するようになります。そうなれば、改善の効果がどんどん高まります。

パワーアップ体操

足を肩幅程度に広げて立ちます。肩の力は抜きましょう。

①両腕を心臓よりも高く上げて、前に向かってグルグルと5～10回回します。

②左右の肩と腕の力を抜いて、だらりと下げます。手首を体から少し離して、できるだけすばやく10秒間、ブルブルと振ります。

③さらに超高速で、小刻みに10秒間振ります。

①

②

③

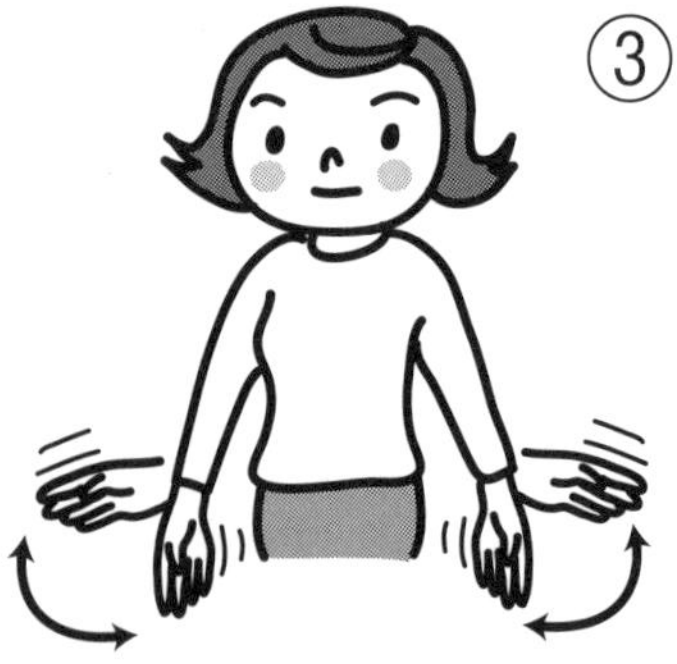

第7条　脳の働きを効果的にコントロール――〝学習ホルモン〟の分泌

敏感な子どもの前では、絶対に怒ってはいけません。怒るということは、親の感情処理です。感情を子どもにぶつけるわけですから、一種の幼児虐待にもなります。

親が怒ると子どもは、強くストレスを感じます。すると、脳内にアドレナリンを分泌します。アドレナリンは闘争ホルモンなので、脳が興奮してしまい、脳の働きがコントロールできなくなって学習どころではなくなってしまいます。

過剰なストレスのことを「キラーストレス」ともいいます。テレビ番組の「ＮＨＫスペシャル」でも、強いストレスが病気の原因となることをとりあげていたので、ご存じの方も多いことでしょう。脳細胞や血管を破壊するほどの強い作用が起きるので、脳内でもトラブルが発生します。

ですから、脳の働きをコントロールするには、第4条の少しでもできたら気絶するほどほめることや、第5条で述べたようにお母さんの笑顔が大事なのです。お母さんが笑顔だと、子どもは落ち着きます。

「あなたはいい子ね」と3度繰り返し言いながら、10秒間ほど抱きしめるのもよい方法です。敏感な子どもは不安や孤独を感じやすいので、お母さんの体温が伝わると安心するのです。

10秒という時間は、短すぎずに「しっかりダッコしてもらった」と感じられる時間です。それよりも長いと、子どもが飽きてしまうこともあるのです。もちろん、飽きなければもっと長く抱きしめてあげてもよいでしょう。最初は子どもが嫌がることもありますが、逃げてしまっても辛抱強く抱きしめてあげてください。そのうち素直に受け入れるようになるでしょう。

就寝時にお母さんと同じ布団で寝るのも、お母さんの体温を感じられるという点で、とてもよい方法です。

さらにもう一歩踏み込んで、大脳生理学に基づいて、子どもの脳の働きを効果的にコントロールするコツを覚えましょう。楽しさを感じるとき、子どもの脳内にはドーパミン、セロトニン、エンドルフィン、ギャバといった快楽ホルモン＝学習ホルモンが分泌されます（これは大人も同様です）。学習ホルモンが分泌されたときに学習をすれば、学習は短期間に完成します。

昔から子育てのコツは「クスグリ」だと言われています。くすぐると子どもが笑うのは、快楽ホルモンが出ているからです。

しかし、学校の先生はなかなか、子どもを笑わせて楽しく学ばせようとはしません。テーマパークのような楽しい場所で子どもと1日一緒に過ごすと、良い効果が見られると、何人ものお母さんが報告しています。ですから、家中をテーマパークのように楽しい雰囲気にすると、子どもの学習効果も高まるということです。ぜひ、試してみてください。

これまでの教育は、強い軍隊をつくるために兵士を訓練する18〜19世紀の教育方法に基づいています。「スパルタ式」に代表されるようなストレスをかける教育です。日本の明治以降の教育も、その本質はこれと変わりありません。

しかし、スパルタ式の教育では、とくにストレスに過剰反応する敏感な発達障害児は救われません。ほとんどが潰れてしまいます。

人間は、大脳で学びます。ですから、21世紀の教育法としてそろそろ、大脳生理学や心理学の研究成果を参考にしたアプローチをし、脳科学に基づいた教育プログラムを実践してもよいのではないか、と私は考えています。

ＥＥメソッドにおける教育の定義とは、「大脳における神経回路の形成」です。一つでも多く脳の回路を形成し、教育効果を高めるという考えに基づいています。

第8条 子どもをよく観察する――発達検査表の活用

家庭教育において、親がもっとも大切にしなければならないのは、子どもを誰よりも詳細に観察することです。ほめるにしても、子どもの集中力を見極めるにしても、「観察」が基本になるので、これなくして子どもの改善指導は成功しません。

私たちが日常使っている漢字は、とてもよく考えられて作られています。漢字の構成には深い意味が込められています。親という漢字を細かく分解してみると、右側のつくりは「見」です。すなわち、「子どもをよく見る」ことが親の大半の仕事なのです。

そして、左側は「立」と「木」から構成されています。子どもを育てるには、親自身が多くの経験や知識を増やして「自分という木」を大きく伸ばすことが必要です。さらに、その木の上に「立つ」ことにより、高い「見地」から、子どもをよりよく育成、指導できるのです。

つまり、子どもをよく観察できる親になるには、まずは自分を育てなくてはなりません。そして、子どもを育てながら、実は自分が育てられているということに気づくのです。

とはいえ、何のツールもなしに観察するのはなかなか難しいことです。そこで、EEメソッドでは独自に作成した「発達検査表」（１３６ページの見本参照）を使用しています。

この検査表には、０歳から６歳までの間に子どもが培う、人間として生きるための基礎となるさまざまな能力（基礎能力）がすべて含まれています。年齢・月齢に応じて身につけるべき項目を一つひとつ、たとえば「あやすと微笑む」といったように細かく設定してあります。ですから、子どもの様子を観察するときには、これらの項目に注目して、「もうじきできそうな項目はあるか」「もうできるようになった項目はあるか」と気をつけて見ると、課題は何か、できていることは何かと具体的に確認できますし、さまざまな成長に気づくこともできるのです。

この検査表で重要なのは、△印、つまり「もうじきできそうだ」という項目をチェックすることです。一般に親は「できるようになったこと」に注目しがちですが、それではいつまで経っても、子どもの変化の兆しに気づくことができません。「もうじきできそうなこと」に注目すると、できるようにといくらでも手を貸すことができるのです。それによって、効率よく「できること」を増やしていけるようになります。

親自身も、「まだできないけれど、もうじきできそう」なことに注意するようになるので、今まで以上に子どものことをじっくりと観察するようになります。

発達検査表には、一見、乳幼児が自然に身につけられそうなことばかりがとりあげられています。しかし、発達障害児については左脳的な機能の発達が遅れているので、意識的に働きかけなければ、なかなか身につきません。第2条で「我慢の回路のつくり方」を細かくお話ししましたが、同じように一つひとつの項目で脳の回路をつくってあげなければ、発達障害児には身につかないのです。

見方を変えれば、発達障害児の特性を考えたうえで「なぜできないのか」「どうしたらできるようになるのか」について徹底して考え抜いたのが、この発達検査表というわけです。ですから、この検査表を使うと、発達の段階が一目で把握できますし、一見「ぜんぜん成長していない」ように見えても、親は子どもが小さな一歩一歩、着実に前進していることを確かに感じとれます。

家庭学習は確かに大変ですが、こうして成果を確認できるからこそ、お母さんもくじけずに取り組み続けられるというメリットがあるのです。

第9条　家庭学習の実践――母親主導で

ＥＥメソッドは、徹底した家庭学習が前提となるメソッドです。ですから、お母さんお父さんには必ず、家庭学習の仕方をきちんと学んでもらいます。

また、ＥＥメソッドが、とくに母親主導としているのは、そのほうが効率がよいからです。どの子どもも母親の胎内で過ごして生まれてきますから、母親の声には違和感を感じず、シンパシーを感じやすいのです。父親にも家庭学習はできますが、その場合はできる限り子どもの声に振動数（波長）を合わせて違和感をなくすようにしながら語りかけなければなりません。そうしなければ、押しつけの教育になってしまいます。

お父さんが厳しくしつけたために教育が効果的に進まないのは、子どもが萎縮したり、お父さんを怖れたりして逆効果（子どもにとってのストレス）になってしまうからだと考えられます。ですから、家庭学習は母親主導で開始して、慣れてきたら父親も加わる。それまで父親は、母親と子どもがリラックスして家庭学習に取り組めるような家庭環境づくりに尽力する。そのほうが、結果として子どもの早い成長につながります。

私は、最終的には各家庭が〝奇跡の学校〟になってほしいと願っています。なぜなら、自分の子どものことを誰よりも考え、親身になって観察し、愛情を込めてほめられるのは、やはり親だと思うからです。

子どもをよく観察して、そのときの状態に合わせて指導していけば、どんな子どもも必ず伸びるのです。これは、障害のあるなしにかかわらず、どの子どもにも共通する真実だと思います。

子どもが6歳になるまでに基礎能力をできるだけ早くマスターし、なおかつ得意な学業の先取り学習をさせると、義務教育の内容を非常に効率的に修得できます。そうすれば、ゆとりができた時間で、好きな分野を思いっきり学ばせることができます。

発達検査表は、子どもがどこまで基礎能力を伸ばしたかをチェックすると同時に、義務教育の内容修得に入るタイミングを見極める役割もあります。発達検査表のチェックをもとに発達指数を割り出し、6歳までに修得すべき基礎能力の9割以上が身に付いていれば、義務教育を始めるタイミングになります。

6歳で基礎能力を身に付けていれば、そこから9歳までの3年間は驚くほど知識を吸収していくので、義務教育での学習がとても楽になります。これは、発達障害児であってもなくても、どんな子にも共通する事実です。

第10条　脳のメカニズムに適した生活に変える――脳の栄養学

脳は人体の全エネルギーの20～30％を消費すると言われています。にもかかわらず、どのような生活をすれば脳の働きを活性化できるのか、どんな生活が脳の活動を妨げるのかについては、あまりにも無頓着な人が多すぎます。

その一つが脳に必要な食生活です。大脳生理学的に考えて発達障害児の脳の改善には、どんな栄養学が必要なのか。この考えが、家庭の食事にも学校の給食にも不足していると言わざるを得ません。


五感から入った刺激は、生物電気に変換され、神経線維を通じて脳にまで伝わります。脳細胞と脳細胞をつないでいる接合部をシナプスといいますが、厳密にいうと、直接つながっているわけではありません。神経伝達物質であるアセチルコリンを脳細胞が分泌し、それをもう一方の脳細胞の糖鎖（細胞のアンテナのようなもの）がキャッチすることで刺激が伝わります。たとえるなら、脳へ伝えられた五感の刺激は、アセチルコリンというボールと糖鎖というグローブを使い、脳細胞間でキャッチボールすることで、伝えられているような感じです。

もしボール（アセルチルコリン）が不足するとキャッチボールが頻繁に行なえなくなりますし、グローブ（糖鎖）が不足するとうまくボールを受け取ることもできません。どちらが不足しても、脳の働きは低下してしまうのです。ですから、脳の働きを活性化するためには、アセルチルコリンと糖鎖を意識的に補うことが必要なのです。

腸で吸収された栄養は、低分子のものでなければ血液脳関門を通ることができません。アセチルコリンについていえば、その原料である低分子のレシチン「リゾレシチン」が必要になります。ラットを使った最近の生態反応試験では、「レシチンを多く摂ることによってシナプスの数が増え、記憶力、集中力、学習力が25〜30％上がる」ことがわかりました。また、アメリカのある大学の研究では、精神的な健康に問題がある人の脳に含まれているレシチンの量は、健康な人の2分の1程度だったという報告もあります。

糖鎖は、ノーベル化学賞受賞者の田中耕一さんの研究でも有名になりましたが、今なお研究が進められており、非常に重要な働きをしていることが判明しつつあります。

細胞膜には産毛状のものがビッシリ付いています。8種類の糖タンパクの鎖状のものです。これが糖鎖です。先ほどキャッチボールにおけるグローブにたとえましたが、簡単にいうと細胞間のコミュニケーションツールです。脳の活動には脳細胞同士のコミュニケーションをより密にしなければなりませんが、脳をストレスから守るためにも必要です。とくに発達障害児は大人の何倍も敏感で、感覚から入るストレス＝外敵も人一倍多いのです。脳細胞同士のコミュニケーションを密にするため、糖鎖の原料となる糖鎖栄養素を摂ることが必要なのです。

糖鎖栄養素を多く含む食品は、大豆、果物、海藻、アロエ、うなぎ、穀物や果物の皮、カニの甲羅、エビの殻、ツバメの巣などです。私は納豆に卵黄とメカブを混ぜたものを朝食のメニューに加えたり、豆乳のヨーグルトにカエデ樹液１００％のメイプルシロップを混ぜたものをおやつにしたりすることをおすすめしています。それでも食事だけでは不足しがちになりますから、サプリメントを使って摂るとなおよいでしょう。

ところで、脳を動かしているのは血液です。血液の質を高める食生活を心がけるとともに、脳の血流をよくするようにしましょう。そのために忘れてならないのがぐっすり眠ることです。これによって血液の質のレベルを上げることができますし、血流がよくなります。

血中の赤血球が入れ替わるには、成人の場合で90日から１２０日かかるとされています。体の小さな子どもの場合は、もっと早く変わります。そこで、まずは4カ月間を目安に、食事の質を高めることと、より深い睡眠がとれるよう努めてください。1年も続ければ、脳の働きが相当変化してきます。

血流をよくするためには酸素も必要です。酸素は食べ物を燃焼させてエネルギーに変える働きをします。ですから、大量のエネルギーを必要とする脳こそたくさんの酸素を送り込まないと、脳は十分に働けないのです。

一般的に、人は緊張すると呼吸が浅くなります。とくに発達障害児は日頃から緊張することが多いため、常時呼吸が浅くなりやすいのです。これでは脳へ十分な酸素を送り込むことができません。

酸素をたくさん体内に取り込むためには、深呼吸がいちばんです。一日に数回、腹式呼吸で深呼吸するだけでも大きな違いが現れます。まずは思いっきり空気を吐き出し、次はお腹をふくらませるように意識して空気を吸い込みます。再び吐くときは、肺の中の空気をすべて吐き出すつもりで大きく息を吐きます。これを数度繰り返すだけで、脳へ十分な酸素が行き渡ります。

子どもがやる場合は、親が繰り返し何度もやってみせるとよいでしょう。深呼吸が苦手な子どもの場合は、睡眠を深くしてください。深く眠ると腹式呼吸をして酸素を吸って二酸化炭素を吐き出すのです。そのとき部屋の空気が汚れていてはいけません。換気はしっかり行なってください。

ＥＥメソッドがこうした脳のメカニズムに基づいていることも、大きな教育効果を発揮する理由になっています。

第11条 脳の体質改善――腸の機能を高める

最近、食物アレルギーを示す子どもが増えていますが、私がとくに危惧しているのは脳のアレルギー反応です。

アレルギーを引き起こす原因物質（その多くはタンパク質です）のことを、アレルゲンと呼ぶことは、皆さんもよくご存じでしょう。三大アレルゲンの一つが牛乳に含まれているカゼインで、もう一つが小麦に含まれているグルテンです（もう一つは、鶏卵に含まれるタンパク質です）。この二つを除去しただけで、子どもの発達障害が消えたという事例がアメリカで報告されています。

「どの物質が、子どもの脳のアレルゲンになっているか」を調べるには血液検査がおすすめです。その際、即発性（アレルゲンに接した直後に起きる症状）のアレルギー検査が注目されがちですが、それだけでは不十分です。遅発（遅延）性のアレルギー検査も同時にしてください。そのほうが、知らないうちに起きる脳のアレルギー反応に影響するからです。

ＥＥメソッドでは、牛乳や小麦粉に加え、安価な卵や白砂糖も注意するよう指導しています。最近はとくに、卵にアレルギー反応を示す子どもが増えています。これは卵を産む親鳥の飼料に問題があると考えられます。しかし、卵黄はレシチンや糖鎖を摂るためにもよい食品なので、アレルギーがなければぜひ良質のものを摂るようにしてください。卵にアレルギーがある場合は、サプリメントで補う必要があるでしょう。

脳に必要な栄養を補給したり、脳のアレルギー反応を引き起こす成分が入ってくるのを防ぐには、腸の機能を高めることも重要です。それは、胃で消化された食べ物は腸（小腸）で吸収されるからです。必要な栄養を血液によって脳へ運ぶには、まず小腸で十分に栄養を吸収しなければなりません。また、小腸には体に入ってくる細菌と戦う免疫細胞をつくる器官も集中しています。

とくに子どもの腸の働きを著しく低下させる存在があります。それが、第2章でも触れた「胎便」です。胎内の子どもには、母親の血液を通して栄養が送り込まれますが、そのカスが胎便です。通常は出生後に母乳を飲むと子どもの腸からはずれて体外へ排出されますが、排出されないと腸の栄養吸収の働きを阻害します。この有害な胎便をはずすには、フラクト・オリゴ糖を含んだ食物繊維が役立ちます。

腸の機能が高まると、脳のアレルギー反応を引き起こす物質の排出も進みますが、そもそも余分な化学物質を体内に取り込まないために、化学調味料や保存料などの食品添加物もできるだけ避けるよう、心がけることも重要です。

★積極的に摂りたい食品・サプリメント

大豆、果物、海藻、アロエ、うなぎ、穀物や果物の皮、カニの甲羅、エビの殻、野菜、七分づきの玄米、納豆、味噌、小魚、青魚、こんぶ、スルメ、メイプルシロップ、

大豆レシチン、リゾ・レシチン、糖鎖、食物繊維、ＥＰＡ、ＤＨＡ

★避けたい食品

パン、スナック菓子、ジュース、インスタントラーメン、ジャンクフード、添加物、化学調味料、白砂糖、マーガリン、牛乳、乳製品

第12条　体を冷やさない――体温37℃

脳を動かしているのは血液です。脳の動きを活発にするには、血液の質と血液の流れのそれぞれのレベルを上げることが大切です。血液の質を上げるには、第11条でお話しした食事の改善が有効です。そして、血液の流れ、すなわち血流の改善には、体を冷やさないことがとても大切です。とくに栄養分を吸収する臓器である腸を冷やさないことが大切ですから、夏でも腹巻をさせましょう。

冷たいものは内臓を冷やしてしまうので、できるだけ冷たいものを飲み食いをさせないように心がけましょう。そして、体温に近い37度前後の温かい白湯か麦茶を、起床後と就寝前に飲ませるようにしましょう。

起床時には100ccくらい飲ませます。これは、寝ている間に蒸発した水分を補うためです。水分が足りなくなると血液がドロドロになり、脳で血流障害を起こします。脳の活動が不安定になってしまうのです。

就寝前も、100ccくらい飲ませましょう。これは内臓を温めて、深い睡眠を誘導するためです。睡眠が深くなると疲労回復に使われる成長ホルモンが多く分泌されて、疲労した脳の回復が早くなります。

体には9万キロメートル以上、すなわち地球2周以上もの長い血管が張りめぐらされています。もちろん、大半は毛細血管です。

血管は、過剰なストレスで収縮してしまいます。人一倍敏感な子どもは、ストレスを過剰に感じていますから、全身9万キロメートル以上の血管がとくに収縮しやすい状態なのです。ですから、親が意識的に血管の収縮をほぐし、血流をよくしてあげることを考えなければなりません。そのために、体を冷やさないようにし、意識的に温めることが大切です。

私の長年の研究では、発達障害児は体が硬い子がとても多いのです。また、便秘がちです。これも、血流がよくないためです。

第13条 学習効果を高めるバスタイムの活用 ―― 暗示効果

血流がよくなると学習効果が高くなります。これは発達障害児に限らず、どの子どもでも、また大人でも同じです。また、血流がよいと精神状態もよくなり、交友関係もうまくいきます。

大脳生理学上、脳の血流がよくなると、神経物質による情報交換の効率が高まります。先述したパワーアップ体操や、散歩や縄跳びなどの軽い運動を学習前にしておくと大変効果的なのも、血流がよくなって学習効果が高まるからです。

実は、脳の血流がいちばんよくなるのは、入浴のときです。全身を温めますから、収縮していた血管がほぐれて、血液が滞りなく全身を巡るのです。俳優がお風呂でセリフを覚えるという話をよく耳にしますが、これも理に適っています。お風呂での学習効率は、少なく見積もっても5割増しだと私は考えています。

そこでおすすめしたいのが、「10分間バスタイム学習法」です。

いつもよりも1度ほど低めのお湯に浸かり、人格や社会性を伸ばす暗示をかけます。これによって、脳内の神経回路を意識的に形成します。このとき子どもにかける暗示は、5つの魔法の言葉でもいいですし、「落ち着いてきているね」「トイレでおしっこができます」というふうに、できるようになってほしい事柄でもよいでしょう。意識の高い子には、「あなたには○○の力があると思うよ」と、子どもの可能性を信じ、伸ばすような言葉がけもよいですね。どんな力なのか左の表に例を挙げておきますので、どんどん活用してください。

子どもの可能性を信じ伸ばす言葉

- 最後までやりとげる力
- 失敗から学びチャンスに変える力
- 物事を受け止め忍耐する力
- 自ら進んで物事に取り組む力
- うまくいかないとき、うまくいく方法を考え、工夫する力
- 自分の感じていることや思っていることを言える力や勇気
- 最後まで一所懸命にする力
- 美しいと感じられる力
- 新しい物を発見する力
- うまくいくかいかないかを判断する力
- ごめんなさいと言える力

- お金を大切にする力
- 好奇心
- 元気になる力
- 感じる力
- 自分を信じる力
- 感じ、受け取る力
- 楽しむ力
- 行動力
- 人を優しく思いやる力
- 人を大切にする力
- 命を大切にする力
- 表現力
- 想いを込めた感謝の言葉が言える力
- 自分で決めて行動する力
- 心を込めてありがとうと言える力
- ものを大切にする力
- 今ここに留まる力
- 自分で起き上がる力
- 物事を見極める力
- リズムに乗り楽しめる力
- 自分で食べる力
- チャレンジする力
- 歩く力
- 走る力
- イヤなものはイヤと言える力や勇気
- 「よかった」探しをする力

暗示のほかには、ひらがなや数、量や空間認識などの基礎概念の入力でもいいですし、簡単な計算やかけ算の九九などでもよいでしょう。発達の段階に応じて、体の部位や世界地図などを使ってもいいでしょう。そんなふうに、どんどんインプットしていきましょう。

ただし、のぼせてしまっては逆効果ですから、時間は長くてもせいぜい10分間にとどめておきましょう。

1日たったの10分間ですが、1年間では3650分＝60時間以上です。やるとやらないでは、雲泥の差なのです。

第14条 足裏・ふくらはぎ・脊髄のマッサージ——スキンシップ

体温が低い状態では、人間の体は正常な機能を保つことができません。しかし、発達障害児には低体温の子が多いのです。これは血流が滞っていることとも無関係ではないでしょう。

足は「第2の心臓」と言われています。血液は水分ですから、流れないと体の下の方で沈んでしまいます。これを体の上部へ押し上げて血流をよくするのが、ふくらははぎなどの筋肉なのです。筋肉がポンプとなって、体の上の方へと血液を送り返していいます。子どもの足裏やふくらはぎをマッサージしてあげることも、血流をよくする効果があります。

足裏マッサージはとくに決まった方法などがあるわけではありません。就寝前に、足の裏やふくらはぎなどをさすったり揉んだりしてあげればよいのです。手のひらも同じように揉んであげてください。これで血流がよくなって全身が温まり、スムースに睡眠に入れるようになります。

背骨にそって腰（尾てい骨の少し上のあたり）から首筋に向かって、背中を撫でるようにさすってあげる脊髄マッサージも非常に有効です。脊髄は脳とともに中枢神経を構成する大切な器官です。服の上からでもいいですし、入浴時にお風呂で行なってもよいでしょう。風呂上がりにベビーオイルなどをつけて、肌に直接行なってもかまいません。難しく考えずに、一日に何度でも、気づいたときに気軽に行なってみてください。

第15条 プラスマインドを維持する ―― 成功理論のエッセンス

世界中で成功に関する著書が無数に出版されてきています。これらの著書に共通しているのが「プラスマインド」です。私にも『成功脳のつくり方』という著書があります。

「プラスマインド」とは、前向きな視点、前向きな思考、前向きな言動、前向きな態度、前向きな行動です。成功するには、このプラスマインドを継続することが必要です。

発達障害児の改善指導も同じです。親がプラスマインドになってEEメソッドを実践し続けることで、短期間で子どもに良い結果を得ることができるのです。

手始めに、子どもの長所を5分以内に10個書き出してみてください。8個書けたら、合格ですが、書けなかったらもっとよく、子どもを観察しなければいけないと反省してください。

また、先述したように、不安や迷いで心が落ち込んでいるときは、まず目線を上に保つようにし、鏡を見ながら口角を上げて笑顔をつくってみましょう。フリでもいいから続けているとプラスマインドになってきます。

　血流が悪くなっていると気分が落ち込みやすくなりますから、親もパワーアップ体操をしたり、入浴したり、足裏マッサージをしてみてください。そのときに、自分自身にプラスの言葉をかけて、暗示をかけてもいいでしょう。


　子育てに関して、絶対にやってはいけない、禁止事項があります。これが守れないと、ＥＥメソッドでも短時間に良い結果は出せません。

　それは「他の子どもと比べる」ということです。誰しも、他人の人生を生きることは不可能です。ですから、そんな無駄なことに貴重な時間とエネルギーを浪費してはいけません。そんなことをする時間があるのなら、子どもの可能性に挑戦しましょう。発達検査表の「△」の項目の中で、もうじき実現しそうなことに取り組んでください。

　日本の経営の神様とされた松下幸之助さんは、「成功するまでやり続ければ、失敗は無い」という名言を残しています。世界の発明王と言われるトーマス・エジソンも、白熱電球を世に出すまでに、５０００回以上の実験を重ね続け、ついには成功に辿り着いています。

子どもの心をプラスマインドにするには、「夢」を与えることも大切です。

子どもにおもちゃを与えてもすぐに飽きてしまうことがありますが、それは、そのおもちゃを得る前の「夢」が不足しているからです。子どもがおもちゃをほしがったら、すぐに買い与えてはいけません。「いついつ買いましょう」と、おもちゃを得るタイミングを未来に設定します。

そして、その日が来るまで毎日、「夢」を語り合いましょう。そのおもちゃを使ってどんなふうに遊ぶか、どう使うのか、どんなときに遊ぶのか、どこへ置くのか、誰と遊ぶのか、などと「そのおもちゃが手に入ったらどんなにうれしいか」を親子で語るのです。そうすることで、そのおもちゃは「夢いっぱいのおもちゃ」になります。夢いっぱいのおもちゃが手に入ったら、子どもはずっと大切にします。

おもちゃに限らず、同じようにすれば「夢」を与えることができます。「小学生になったら」「自転車に乗れるようになったら」……などの「夢」を語り合うのも楽しいですね。

第16条　親馬鹿になれ――子どもの可能性を信じる

発達検査表の各項目を判定するときは、必ず「親馬鹿」な気持ちでチェックしてください。判定基準を厳しくすると、「○」どころか「△」も付きにくくなります。当然、もう少しでできそうと取り組む対象は少なくなります。取り組みの対象が少ないと、伸ばす機会が減りますから、子どもを短期間に伸ばすことが難しくなります。

実は発達検査表の項目は、やってみたことがないことが多いのです。「やってみたことがない＝できない」と決めてしまうと、できないことばかりになってしまいますが、やってみると意外とできてしまうことが多いのです。

検査表に記入するときは、親馬鹿になって「△」を「○」にしても悪いことはありませんし、もう少しと思って「△」にしてもいいのです。数カ月経ってから、振り返って確認してみてください。親馬鹿で付けた「○」がしっかりとした「○」になっていたり、「△」が「○」になっていたりしていることでしょう。

反対に厳しく判定してしまうと、子どもを大きく伸ばせません。取り組む対象が少なくなり、伸ばす機会が乏しくなるため、短期間でいろいろな能力を伸ばすことができなくなります。これでは馬鹿親です。

子どもが親にいちばん求めるものは何でしょうか。それは、笑顔とほめ言葉です。子どもの判断基準は五感に基づくもので、「快」「不快」の感覚です。親が与える笑顔とほめ言葉が「快」の感覚をもたらします。ですから、親が笑顔でほめると、子どもはますます「快」を求めて行動するようになります。

一方、子どもは「不快」の感覚を極力避けようとします。厳しい判定による厳しい指導や叱責はどんな子どもにとっても「不快」になることは明らかですが、発達障害児の場合は「不快」の感覚を人一倍強く感じやすく、場合によってはパニック状態を引き起こします。

EEメソッドのルールは、「少しでもできたら、親が気絶するほどほめる」です。これを実行するとき、大切なことが二つあります。一つは、冷静になることです。60のほめ言葉をご紹介しましたが、ほめるときには同じ言葉を繰り返すのではなく60の言葉をすべて使って、ありとあらゆる言葉でほめてください。そのためには冷静になることです。冷静でないと、60個のほめ言葉を言い続けることなどできません。

二つめは、真剣にほめることです。親が真剣でなければ、子どもは反応しないからです。親が喜びのあまり気絶してしまうほど子どもをほめると、次の瞬間から子どもはビックリするほど大きく変わるのです。

第17条　8割主義で取り組む——継続は力

取り組みをするときは、完璧を狙ってはいけません。100%を求めると継続が難しくなるからです。1回限りの完璧よりも、80%の完成度で継続するほうが力になります。

発達検査表の判断をするときも、たまたま1回できただけでも「○」でよいのです。できる能力が確認されたからです。完成度が80%のレベルで「○」にしてもいいですし、まだまだ先が遠くても、できそうだなという兆しが見えたら「△」です。

こうして8割を合格点に設定すると、ドンドン前に進むことができます。さまざまなことに挑戦できる機会も増えます。実は、これがとても大切です。子どもは、やらないからできないだけで、やってみるとできるということが多いのです。

100%になるまではと同じことを繰り返しやっていると、子どもは飽きてしまいます。飽きるとストレスになりますので、見向きもしなくなります。それでも無理強いすると、パニックになります。子どもがパニックをたびたび起こすようになると、親も子育てノイローゼになってしまうでしょう。しかし、さっさと合格させて次のことへ進めば、子どもは飽きません。完璧を求めて同じことを何度も繰り返すよりも、バリエーションをつけるほうが、子どもは飽きません。

学習と同じように、食事の改善でも8割を目指しましょう。たとえば、牛乳に含まれているカゼインや小麦に含まれているグルテンはアレルゲンの代表ですが、これらを100%除去しようとしたら、外食などできません。せっかく子どもに落ち着きが出てきて外食も楽しめるようになってきたのに、アレルゲンを完全除去しようと外食を避けたら、せっかくの楽しみがなくなってしまいます。

このように、完璧を求めたら窮屈になりますし、楽しくないので続かないのです。これでは効果は限定されてしまいます。

ＥＥメソッドは、何でも８割主義です。２割は手を抜いて良いのです。そのほうが継続できます。最終的には、大きな力になるのです。

ＥＥメソッドに取り組む前に

本書を読み、ＥＥメソッドを実践したいと思った親御さんは、たくさんいらっしゃることと思います。直接私が面談して指導できるといちばんよいのですが、距離や時間、そのほかさまざまな事情で、すぐに面談できるとは限りません。

そこで、まずはエジソン・アインシュタインスクール協会のホームページにある無料説明動画をご覧いただけたらと思います。ここでは、ＥＥメソッドの基本的な取り組みを紹介しています。

ただし、ＥＥメソッドは何より親の意識改革や脳の体質改善を同時に取り組んでこそ効果が出ることは、これまで述べてきたとおりです。親がしっかりとＥＥメソッドを学び、家庭教育のレベルを高め、さらに全国のフランチャイズ校などを活用していただければと思います。また、自宅でEEメソッドの家庭学習を正しく実践するために必要な教材や発達検査表の利用についてエジソン・アインシュタインスクール協会が全面的にバックアップする体制を整えています。詳しくは、ホームページでご確認ください。全国各地で開催しているセミナーの日程なども掲載しています。

http://gado.or.jp/

ホームページにアクセスしますと、簡単に無料会員に登録できるようになっています。登録いただいた方には一定期間、無料で会報誌をお送りしています。皆さんの家庭教育のご参考になることと思います。

エジソン・アインシュタインスクール協会には、2000件を超える改善事例データがあり、私たちはそれらをもとに、より効果的な指導法を探求し続けています。指導相談の実績は7年間で5000組にも上ります。その中から、多くの天才児が成長しています。これまでの医療の常識や、学校教育のシステムでは伸ばしきれなかった才能ばかりです。

発達障害の改善は、早く取り組むほど改善の効果が早く現れます。子どもも親も、不要な不安に囚われる必要はないのです。ところが、現状の医療では1歳児健診時や3歳児健診時に発達障害と診断をくだすことに非常に慎重です。また、軽度の場合には検査をすり抜けてしまうことも少なくありません。そのために取り組みを始めるのがどんどん遅れていきます。少しでも普通の子の発育と違うと思ったら、本書を参考にして、子どものために何が必要かを考えてください。

5歳児の段階で健診を受け、客観的な状況を把握することも大切です。

今、お母さんの初産の年齢が上がっています。高齢出産化が進んでいるのです。それに伴って、発達障害児が生まれる率も高まっているとのデータがあります。私は、お母さんが出産までに化学物質などのストレスにさらされる時間が増えていることが、その原因の一つではないかとにらんでいます。

また、未熟児で生まれた子、双子などで胎内が狭いために胎内で安定できなかった子、さまざまな理由により出産後すぐに保育器に入った子、低体重で生まれた子なども、敏感な子に育ちやすくなります。それが原因で、発達障害を引き起こすこともあるのではないかと私は考えています。

もし、子どもが非常に敏感であるとしたら、それ自体が問題なのではなく、その子に適した育児、適した家庭教育を行なえばよいのです。敏感な感覚を伸ばせば、天才児へと育てることができるのです。

基礎能力の形成について

ＥＥメソッドは、本書で述べてきたとおり、発達障害を改善するだけのメソッドではなく、天才性を育てるメソッドです。そのプロセス中に発達障害の改善が含まれるだけです。

天才性を育てるのに必要なのは早期教育です。

世の中には、さまざまな早期教育がありますが、必ずしも天才児を育てることに成功していないと思います。それは６歳までに子どもが身につけるべき基礎能力が育っていないのに、左脳中心のストレス教育を行なうからです。

ですからＥＥメソッドでは、右脳と左脳のバランスをとる教育を重視しています。そして科学的に取り組むために発達検査表でのチェックを重視しています。9割の基礎能力が身についていれば、学校で学ぶ内容は効率的に吸収できます。

しかも「楽しく学ぶ」「学習は楽しい」ということをよく知っている子は、勉強を嫌がりません。勉強してできることが増えると、お母さん、お父さんがとても喜び、たくさんほめてくれるという喜びを知っているからです。

おわりに

親の使命は子どもを自立させることです。親が死んでも、子どもが幸せに生きていけるように、できるだけ早く、子どもの生きる能力を高めることです。

そのベースとなるのが6歳児までに身につけるべき基礎能力であると私は考えています。その90%を達成できていれば、あとはどんなことも自分で学び、自分で伸びていけるようになります。しかし、基礎能力が不十分だと、学習能力が高まりません。本人や親がどんなに頑張っても、その努力は空回りしてしまいます。

それにもかかわらず、最近は、6歳までに基礎能力を獲得できていない子がドンドン増えています。親にとっては育てにくい子です。対応しきれないことが乳幼児虐待の要因にもなっていると思われます。

諺に「三つ子の魂百まで」というのがあります。人間の基礎をつくる大切な時期が乳幼児期と教えているのです。それほど大切な乳幼児期の家庭教育がうまく機能していないというのが世界的な現状です。

それにはいろいろな原因がありますが、本書で繰り返しお話ししているように、共通しているのは、子どもの鋭い感覚への対応を誤っていることです。集団に合わせる学校教育にすべてを任せるのではなく、その子に合わせた家庭教育を行ない、子どもが基礎能力をきちんと獲得できるようにすることです。そうすれば、社会性も身につきますし、学校教育へとけ込むこともできるのです。

ですから、本書の読者の皆さんには、今一度家庭教育の大切さを考え直してほしいと願っています。

最後に、私が理事長をつとめている一般財団法人「子どもの未来支援機構」のご紹介をさせてください。同機構は、「あらゆる子どもたちがより健全に成長して、本来持つ能力を向上させることができるように支援活動を行なう」ことを目的としています。子どもの自立を支えるためのさまざまな事業を推進しています。

その事業の一環として、このたび、「発達障害児改善教育研究会」を発足しました。この研究会のメンバーとして、医師や看護師、助産師、ＮＰＯ法人の理事長、カウンセラーなどの専門家たちが参加しています。

それに先駆けて、「ダウン症児を大学院に進学させる親の会」も発足しています。会長は、公立小学校の支援学級の教諭です。ダウン症のお子さんが今春、小学校の普通学級に進学し、楽しく学んでいます。

今後は、支援学級や支援学校の教諭、幼稚園教諭や保育園の保育士、養護施設や児童デイサービスのスタッフなどを対象にした、発達障害児を改善するための情報交流の場もつくりたいと考えています。

詳しくは、「子どもの未来支援機構」のホームページをご覧ください。

このように、私たちは今後ますます、さまざまな天才性を秘めた子どもたちのサポートを進めていきます。どうぞよろしくお願い申しあげます。

２０１６年10月

エジソン・アインシュタインスクール協会代表　鈴木昭平

発達障害児が100点満点を取った!
子どもの脳にいいスーパーメソッド

2016年11月6日　第1刷発行

著　者———鈴木昭平

発行人———山崎 優

発行所———コスモ21
〒171-0021　東京都豊島区西池袋2-39-6-8F
☎03(3988)3911
FAX03(3988)7062
URL http://www.cos21.com/

印刷・製本——中央精版印刷株式会社

定価はカバーに表示してあります。

ISBN978-4-87795-342-3 C0030

超人気本　話題沸騰!!

多動児、知的障害児がよくなる3つの方法

子どもの脳にいいこと

10万部突破!!

★ひと言も話せなかった子どもが会話ができるように……など感動の体験談

エジソン・アインシュタインスクール協会代表　鈴木昭平著

四六判並製176頁　1300円（税別）

中度・重度の子が改善！7人の事例集

発達障がい児が普通級に入れた！

4万部突破!!

子どもの脳にいいこと3

★「絶対に特別支援学校」といわれたが普通学級に就学……などの体験談が続々

内藤眞禮生・鈴木昭平共著　四六判並製168頁　1300円（税別）

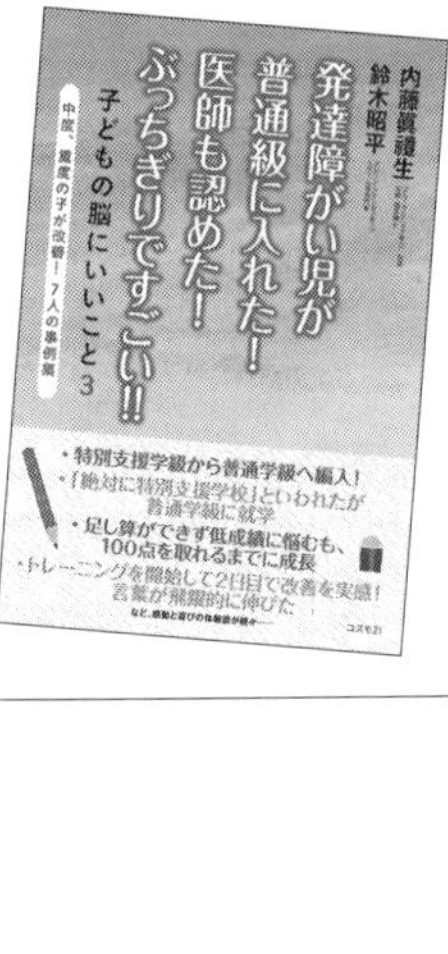